“がんばる経営者”が会社をつぶす

最強の組織をつくる経営術

長友威一郎［著］
株式会社ソリューション代表取締役

合同フォレスト

まえがき

私は、これまで中小企業を中心に、13年間で1000社以上の会社のコンサルティングをしてまいりました。

当社のコンサルティングの最大の特長を、「N字回復を実現するコンサルティング」と言っています。会社は通常、右肩上がりで成長し、成熟した後、衰退に向かっていきます。そこを、強い組織に生まれ変わらせ、アルファベットの「N」の文字のように、再び頂点を目指して成長させていくというものです。

この「N字回復」は商標権を取得していますが、とりわけ二代目社長が会社を継いだ後、つまり「第二創業期」を迎えた後継社長の間では熱烈に支持され、いささか面映《おもはゆ》いのですが、この業界では一目置かれています。

本書は、会社の売上を伸ばしたい、社員を育てたい、チームリーダーを育成したい、そして、社員の可能性を見つけ、幸せになってもらいたいと願っている経営者に読んでいただきたいと思います。

　私は、株式会社ソリューションの代表取締役、長友威一郎と申します。大阪、東京、福岡に事務所を構え、二代目、三代目が社長を務める地元の中堅企業、成長著しい新興企業などの経営者の方々の相談に乗ってまいりました。

　コンサルティング会社というと、40代、50代の経験豊富なスタッフで構成されていると思われるかもしれませんが、当社の社員の平均年齢は20代。中には、クライアント企業の代表者と、親と子ほどの年の差の社員が担当している場合もあります。

　そんな経験の浅い、学校を出たての若者に経営の相談をするなんて……と思う方もいるかもしれませんが、クライアントとの信頼関係は強固ですし、満足いただける結果も出しています。

　なぜそのようなことが可能なのか。

　その答えは、我々は「組織」だからです。個人だと、その人の経験則、実力がものを言いますが、組織ならではのメリットを最大限に活かせば、若い組織でも十分に機能するのです。

　企業は組織です。その組織の構成、育て方、動かし方で、あなたの会社はいくらでも成長できます。
本書では、私が経験してきた失敗や成功をもとに、組織力を最大限に発揮させる方法をお伝えします。「成長期」にある会社はさらに業績を伸ばし、衰退に向かっていると思われる会社は、ぜひとも「N字回復」を果たしていただきたいと思います。

株式会社ソリューション　代表取締役　長友威一郎

もくじ

第2章　あなたの会社は防戦型？　応戦型？　挑戦型？

第3章　「できる社長」は社員のやる気をなくす

第4章　社員が自然に育つ仕組みづくり

第5章 最強の組織が育つ環境づくり

第6章　社長の〝ヒマ時間〟が会社の未来をつくる

あとがきにかえて

第１章

売上が伸びるほど、社長の仕事が減る理由

●社長は「トップセールスマン」になってはいけない

これまで約1000社の社長とお付き合いしてまいりましたが、企業の社長がコンサルティングを要望するタイミングは、社員数30～60名規模に達したとき、この段階まで事業が拡大したあたりなのです。

事業部数でいうと、営業部と製造部、もしくは営業部も第1営業部と第2営業部など2事業部以上になり、企業内の構成では、社長――幹部（リーダー）――社員など、この3階層以上になった時期です。

こうした社内構成のピラミッドができた段階で、これまでにはなかったコミュニケーション不全が起き始めます。社長から社員へトップダウンでやってきたことが、スムーズに動かなくなります。社長と社員の間に幹部（リーダー）が入ることで、社長の想いが社員にうまく伝わらなくなり、誤解や勘違いが生じてしまうのです。

会社がこのような状態になるのは、企業の「成熟期」です。

会社には、私たち人間と同じようなライフサイクルがあります（図1）。

夢と希望に満ちた「創業期」、がんばるほど結果が出る「成長期」。そして、ある程度、

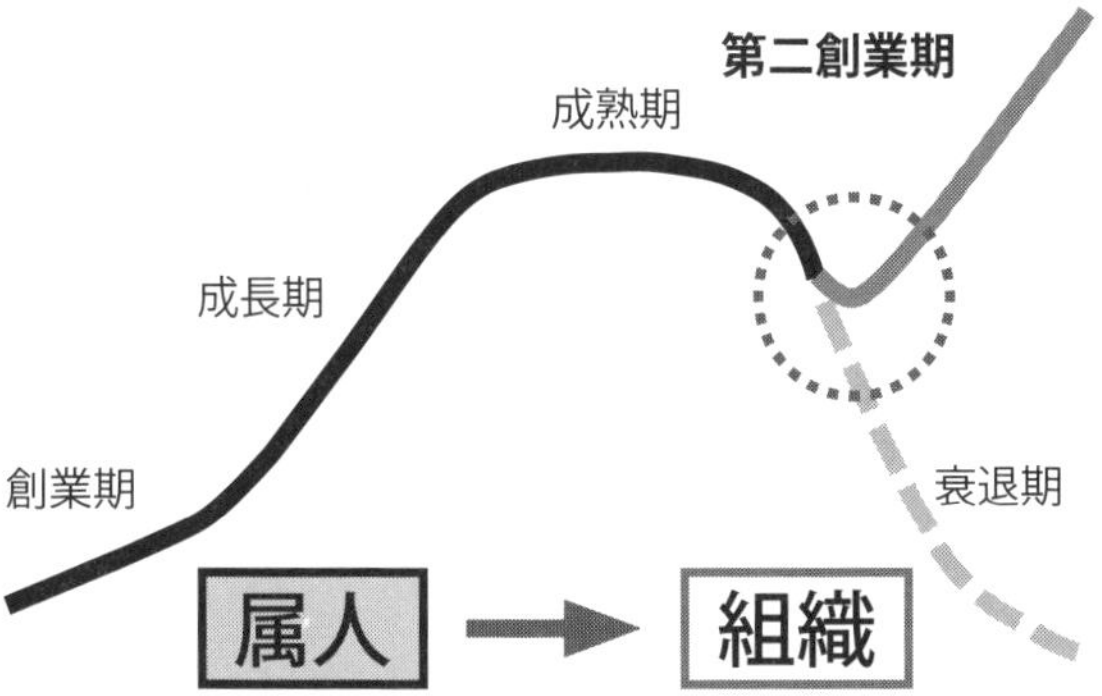

図1　企業のライフサイクル

社員とお客様と資産が増える「成熟期」。

この「成熟期」に入ると、事業や人間関係がマンネリ化したり、社員数の増加に伴って、経営者にとって「見えない範囲」が広くなったりしていきます。

「成熟期」の先にあるこうした「壁」に当たると、今までなかったようなトラブルが起きたり、些細なミスが目立ち始めたり、これまで経営者が経験してこなかったような事態が起きたりし始めます。

そして「何かがおかしい。でも、なぜだろう……」と思案に暮れているうちに、「衰退期」に入ってしまうのです。

この先も会社を存続させていきたいと願うなら、「成熟期」の壁に当たったタイミングで、企業内の組織をシフトチェンジしていかなくてはなりません。

それが「第二創業期」に入るタイミングで、「N字回復」を目指すスタート地点です。

この「第二創業期」をスタートさせる際に、私たちが経営者に最初にお伝えするのは、「社長自身がトップセールスマンにならないでください」ということです。

経営者というのは、ご自身で起業された「創業経営者」、家業を継いだ「後継経営者」の2タイプにわかれます。

私たちのクライアントの4割が「創業経営者」、6割が「後継経営者」にあたるのですが、前者に多いのが、ずっとトップセールスマンとして第一線で活躍してきたという経営者です。

「創業経営者」の多くは、つねに自ら考え、自ら行動し、1人でP—D—C—A（Plan-Do-Check-Action）のサイクルをまわしています。ご自身の独自性を持っているからこそ、独立して会社を立ち上げられたのです。そのため、すべての事業を把握し、それらに対する熱い想いもあり、やり方もすべてご自身で打ち出しています。社員もクライアントも、それを信頼してついてきました。

ですから、社長がトップセールスマンであるというのは、ある意味「必然」です。その一方で、自分自身が基準になっていますから、ほかの幹部や社員たちも、同程度かそれ以上のことができるはずだと考える傾向があります。

「成熟期」の壁に当たる前までは、たしかに社長のトップダウンで、社長がP―D―C―Aのサイクルをまわすことが可能だったかもしれません。しかし、そのままの体制では、「衰退期」に入ることは避けられません。

「第二創業期」に向かって舵を取っていきたいならば、ご自身がトップセールスマンであったのは過去のこととして、経営者として新たなスタンスを築いていく必要があるのです。

●「成長期」の社長の仕事は「陣頭指揮」、「成熟期」の社長の仕事は「何もしないこと」

「成熟期」の壁を境に、昔と今に分けるなら、昔は社長が先頭に立ち、社員の見本になるような動きを取り、社員たちに直接想いを伝え、同志として共に働きました。それにより、会社全体が一丸となって企業も成長していきました。

ただし、「成熟期」の壁を迎えた今、それまでと同じように社長が動いていては、その企業に明るい未来がやってくるとはいえません。今の社長に必要なのは、自らが動いて会社を動かすことではなく、幹部や社員を含めた全員を1つのチームとしてとらえ、それぞれが自ら考え、会社のために動けるような環境を整えていくことです。

「成熟期」を迎え、衰退の下降線から「N字回復」を試みるには、これまでのように社長が陣頭指揮を執るのではなく、社員を信頼し、ともに会社の理念を実現すべく、これまでご自身がやってきた仕事を部下たちに任せる、つまり社長自身は社内では「何もしない」という環境をつくっていくことが重要な課題なのです。

ただ、「何もしない」といっても、何も考えず、自分だけ悠々自適でいるということではありません。

今一度、創業経営者はご自身が創業したときに胸に抱いた熱い想いを思い出し、後継経営者は、引き継いだ想いと覚悟を再確認することをもとに、そこから組織のマネージメント、社員の育成方法、社内の新たなルールなどについて考え、実践する時間をつくっていくという課題を引き受け、人が育つ環境づくりをしていくことです。

そのために、これまでの社内の仕事は極力部下に譲り、自分はしないという環境をつくっていく必要があります。

ここで大切な軸となるのが、「創業期」に「何のためにこの事業をやろうと思ったのか」という目的を思い出すことです。

「あの大変な仕事の後、お客様にはじめて『ありがとうございました』と頭を下げられて、こっちまで泣きそうになったな」

「お客様に『あなたにならいつも安心して任せられる』と言われて、背筋が伸びる思いがしたな」

「自分の力では無理だと思った仕事だったけれど、先輩や先方の担当者が支えてくれて、乗り越えさせてもらったんだよな」

これまで仕事をしてきた中で、あなたの心に響いた出来事というのが、実はいくつもあると思います。それらを振り返るうちに、「お客様が笑顔になってくれる仕事をしたい」「世の中のためになる仕事をしたい」「社会に貢献して世の中をより良くしたい」などの想いが、自然と湧き出てくるのではないでしょうか。

私自身、自分の仕事は、我々の知識をもとに、商品・サービスを通じて、お客様にこれまでにない利便性や必要性を感じていただくことだと考えています。

「世の中をより良くするために、あなたの会社の、あなたの事業はどのように役立っていますか」

「どのように社会に貢献していますか」

このことを問うたときに見えてきた解答こそが、その企業が永続的に目指していくべき目的だと思います。

もしかしたら、「目的って……なんだったっけ?」「自分にはそんなもの、ないかもしれない」と、戸惑う方がいるかもしれません。

でも、私はこれまでの経験上、事業運営の目的がない経営者は絶対にいないと確信しています。最初はお金が目的だったかもしれません。しかし、事業を続ける日々の中で「企業の活動が社会のためになった」という実感を必ずお持ちだと思うのです。

まずはご自身が「創業期」に抱いた夢、そして企業としての目的を今一度思い返してみてください。その目的が「成熟期」の壁を乗り越えて、「N字回復」を成功させるための重要な鍵なのです。

●社長が見えていない社員の本音

この「成熟期」に、社長が向き合わなくてはならないことがあります。

それは、社員が本当に思っていること、その腹の内を知ることです。私たちのお客様である中小企業の社長は、「人を大切にしていきたい」という方ばかりです。今いる社員をどう輝かせられるのかという、社員の成長を心から考えることができることこそが、経営者としての本当の器量なのではないかと考えています。

これは株式会社ソリューションの社長としての、私自身のモットーでもあります。労働力人口7000万人といわれる日本において、法人登録企業は約200万社。その中で、自社に勤めてくれている社員がいるということ自体が、運命だと思っています。

そうした社員たちに横柄な態度を取ったり、「こいつらはダメだ」と切り捨てたりしてしまうのは、経営者としての器の限界を表しているのではないかとすら感じています。

会社にとって、今いる社員がどれだけ大切な財産であるか。そこに気づき、社員一人ひとりがその力を発揮できるようにするためにも、まずはそれぞれの本音を知る必要があります。

私たちが行う組織コンサルティングも、ここがスタートです。企業の現状を正確に把握するため、社長が思い描く「こういう会社にしたい」というお話と同時に、現場の社員の声も聞かせていただいています。

私たちの仕事は、注文住宅の家を建てる工程と似ています。ご自身の理想の家をプランニングしてもらい、そのプランを見て、買うかどうかを決める。それと同じように、私たちも社長が思い描く「こういう組織にしたい」というお話をうかがい、それをもとにその企業だけの組織改革プランを組み立てていきます。そのためにも、社長、そして社員の双方から、お話をうかがうことが必要不可欠になるのです。

社長自身は、「これから会社をこうしていきたい、社員たちをこうしていきたい」と言っていても、それは社長が見ている会社の内情の一部から引き出されているかもしれません。もし、この言葉だけを聞いて、私たちが「わかりました！」とプランニングし、組織改革に取り組んだとしても、うまくいきません。なぜなら、社長と社員が見ているものには、大きな違いがあることが多いからです。

確実に実りある改革を進めるために、社長の声と現場の社員の声と、まずは両方を聞く必要があります。すると、双方のギャップが浮き彫りになります。社長の想いと、社員の本音――実は、この現実に向き合うことが、「第二創業期」を迎える企業にとってはとても重要になります。

私たちは、そこにあるギャップを埋めるための組織改革のプランを作成していきます。これをもとに、取り組みの詳細について提案させていただき、内容に納得いただけたら契約という流れになっています。

ときには、「組織改革プラン」の内容に対して「俺が期待していることと違う！」と抗議を受けることがあります。そのときには、「いや、現場の声はこうなのです。社長がこのギャップを見ない限り、組織はよくなりません」と申し上げることもあります。

経営者としては、正直、しんどい場面だと思います。自分の想いと社員の想いが、こんなにかけ離れてしまっていたとは……と、がく然とされる社長も少なくありません。

●「年商5億円の壁」を破る鍵は社長の「人脈づくり」にある

労働集約型のビジネスモデルで、人材の数が売上におよそ比例している会社の場合、社員数が30名、年商5億円くらいの規模になると、企業としての1つの壁がやってきます（これはＩＴシステムをつくるなどの事業にはあてはまりませんが）。

この壁を打破できるかどうかで、その後の企業が「衰退期」に入るか、「Ｎ字回復」が実現するかが決まります。

社員数が30名までであれば、社長は「創業期」からと同じように、トップダウン形式で社内をマネージメントすることができます。このときに大切なのは、社員一人ひとりと腹を割って話せるようになっておくこと、それぞれの個の強みを発見しておくことです。

ただし、社員数30名や年商５億円を超えるあたりから、それまでと同じやり方をしていると、次のステージに向けた、社長としてやらなくてはならない仕事ができなくなっていきます。

次のステージを見据えた、経営者として必要な仕事とはどのようなことでしょうか。

現在30名の社員を、今後40名、50名と増やし、企業をさらに拡大・発展させていくには、社長自身の人脈づくりが必要不可欠です。

具体的に言うと、人脈づくりを通じて、経営者としての先見性を養うこと。多くの人と会うことによって、「今、何が流行っているのか」「何が世の中で必要とされているのか」「他の経営者はどんなことを考えているのか」「将来的に自分たちはどのようなサービスで、横展開できるのか」などを考えていく必要があります。

新規事業を立ち上げることも大事ですが、今のお客様に対して、どのように横展開をすれば喜んでいただけるか。これが事業拡大の一番の近道です。

世の中の流れをつかむことによって、自社で何ができるかをつねに考える。この考える時間こそが、その企業の未来を創る時間になるわけです。これまでトップダウン、いわば、社員とマンツーマンで接してきた社長がシフトチェンジし、こうした時間を持てるようにならない限り、企業は現状よりさらに上のステージへと向かうことはできません。

すでに、これまでの社長の器量で社員数30名、売上5億円までは実現する力は実証されています。そのままずっと横ばいで継続していく路線もありですが、もしかしたら、それは社長だけの想いで、社員の希望とはかけ離れたものかもしれません。

横ばい路線では社員の皆さんを満足させることはできないのです。横ばい状態の会社にずっといたら「会社は成長しないのに、自分はだんだん年を取っていく」という焦りが出てきてしまいます。そのうちに、結婚、子どもの教育費用、マイホーム費用の工面など、さまざまな事情が出てきて、給料もより多く必要になっていくからです。

経営者が会社を成長させていかない限り、社員の満足は得られないでしょう。「今の会社に残るよりも、より大きな会社に転職したほうがいい」と考える社員が出始め、せっかく育てた大事な人材が流出してしまう事態にもなりかねません。10年間、社員数が伸びていない会社は、まさにその典型です。社員がある程度成長すると他社に行ってしまい、ある種、世の中に対する〝人材輩出企業〟になってしまいます。

そうではなく、自分たちで育ててきた人間を会社の成長とともに活かしていく。そうした環境をつくっていくには、ある時点から社長が社内の陣頭指揮を執るよりも、外部との人脈づくりを通じて先見性を持ち、会社の将来を考える時間を持たなくてはなりません。

意識的にそうしたシフトチェンジをしていかなければ、知識は古いままで感性も磨かれず、新たなアイデアも湧いてこないでしょう。経営者として、企業の発展、社員の成長を目指すのであれば、これまでのやり方から、脱却する必要があるのです。

●社長のすべき仕事は会社の外にある

なぜここで、人脈づくりや外に目を向けるように提案するかというと、その根底には「経営者にはつねにプレッシャーを感じていてほしい」という想いがあるからです。経営者というのは、基本的に他人から叱られることもないですし、否定されることもありません。たとえば、同じ経営者同士で話していて、相手に「論点がズレているな」と思われても、流されてしまうのです。内心で「あの社長、レベルが低いな」と思われたとき、「社長、それではレベルが低い。もっとこうしたほうがいいよ」と言ってもらえるようになるには、ある程度の関係性ができていないと難しいでしょう。

経営者自身が「まだまだ知らないことがある」「世界は動き続けている」と気づいているならよいのですが、実は気づいていない方のほうが多いのです。そういうことも、しっかりとフィードバックしてくれるような、信頼できる経営者仲間を会社の外につくったり、さまざまな勉強会や交流会に参加して見識を高めたり、経営者自身が社外に出ていき、自身に負荷がかかる環境へ自ら飛び込んでいかない限り、経営者としての成長はないと思っています。

私自身も株式会社ソリューションという企業の経営者ですので、なるべく外に出ていくように心がけています。勉強会に参加したら、なるべく一番前の席に着き、質問があればどんどん手を挙げて、積極的にその場を活かしたいと考えています。

自分の見識を深めたいことはもちろん、自分がそういうことをしていないのに、社員に対して「せっかく研修に行かせたのに、なんで消極的なの？」「なんだよ、せっかく研修に行かせたのに。手ぐらい挙げろよ」などとは言えません。「社長だって、やっていないじゃないか」と言われたら、それまでだからです。

●あなたの会社の「強み」は何か？

あなたは、「自社の強みは何か」と聞かれて、すぐに答えられますか？

お客様の中に、すごい強みを持った不動産の企業があります。熊本県にあるのですが、こちらの会社は50代の社長以外、全員が新卒、しかも全員女性です。社員数は10名ほどで、不動産業界の中で見ると、「社長が男一人で、あとは全員女性、かつ新卒!?」と、一見とても異例の会社に見えます。

ただ、ここの社長は基本的に「男性より女性の方が優秀だ」という考えをお持ちの方で、なおかつ「お客様対応には女性の感性が必要だ」と考えていらっしゃいます。もちろん、男性社員がほしいという思いもあるでしょうが、男性社員の採用が思うようにいかないということも現実的にあるようです。

男性がこの会社に入るとしたら、躊躇《ちゅうちょ》する人が多いというのは、想像に難くありません。「社長以外、先輩は全員女性の職場なんだよな……」と。

ですが、「社長以外は全員新卒の女性」という状況は、その会社独自の強みにもなり得ます。女性の感性を活かした提案をしたりして、それに見合うニーズやウォンツを持っているお客様を絞り込んでいけば、他社に負けない大きな強みとなるからです。

ただ、この話をすると「そこの会社はものすごく個性的だからいいけど、うちの会社の強みと言われても、すぐには思い浮かばないな」という経営者も、数多くいらっしゃいます。そうした場合、私たちは「ご自分たちの会社をいかに正解にするかということを考えましょう」とよく言っています。

自社の強みを本気で捉えたい、社員たちと共有したいという場合には、第三者を入れると、非常に効果的です。先の熊本県にある不動産の会社の話に戻りますが、社長がいくら女性社員に「うちの強みは、女性が多いことだ」と言っても、なかなか響かなかったそうです。

ところが、第三者として私たちが入り、「本当にすごいことですよ。女性だけでこの業界の仕事を請け負っているなんて」と言った途端、社員たちの表情がパッと明るくなり、「そうなんですか!?　自分たちにとっては当たり前のことすぎて、気づきませんでした」とおっしゃったのです。

第三者が介入することで、こうしたやり取りが生まれ、社員や経営者が自社の強みに気づき、それが全社にわたる自信につながっていくことがあるのです。

●会社全体を鳥瞰できる社長が、生き残る経営戦略を立てられる

会社が生き残っていくためには、会社全体を上から眺めるようにして見渡し、今後どのように事業を発展させ、社員を活かし、成長させていくかを考えていくことが、経営戦略の要です。

実は私たちの会社、株式会社ソリューションも、現在「第二創業期」を迎えているところです。２００６年に創業し、私はその創業メンバーとして働いてきましたが、２０１７年４月、39歳のときに三代目社長に就任しました。

私が社長になったとき、企業のライフサイクル（13ページ参照）でいうと、「成熟期」から「衰退期」に向かい始めていました。

私が経営者としてこの会社で打ち出したい特長は、私自身の体験に裏付けされた、「組織コンサルティング」というものでした。

「組織コンサルティング」という企業再生のソリューションを、一人ひとりの社員が、コンサルティングの実践の場で活かせるようにしていきたいと考えました。

失敗経験というのは、必ず役に立つものです。「うちの会社ではこういう失敗を経験したので、社長、こういうことには気をつけてくださいね」と言える引き出しをつくるために、いろいろな挑戦をしています。ときには、あえて自社の組織に、私から間違ったコンサルティングを仕掛けることもあります。

たとえば、無理やり2カ月間、私がトップダウンのやり方を採用したことがありました。「第二創業期」において、実はこのやり方は失敗という結果を招きます。「N字回復」を目指す上で大切な要素である、社員たちが自ら考えて動くという自律心を潰してしまうからです。ただ、どのような失敗になるのか。それを社員とともに、検証したかったのです。

もちろん社員たちに、私の思惑は話さずに行いました。実際にこれをやってみると、あっという間に彼らがギクシャクし始めたのです。

社員は全員、「長友さん、なんだか性格変わったみたい……」という感じになりました。

社員一人ひとりの中に「ピシーッ」と緊張感が走る中、私は電話、メール、LINEで猛攻撃を始めました。「これとこれはどうなった?」「早くやってよ」「ちゃんと報告してよ」「それダメ。もう一度やり直し」と、いわゆる「管理」を始めたのです。

このやり方にしたところ、売上の数字は少し上がりました。でも、社員たちの心がどんどん疲弊していくのは、見ているこちらにもひしひしと伝わってきました。2カ月後、ようやく種明かしをしたところ、みんなは苦笑い。「こんなふうにやられたら、しんどいやろ」と問いかけると、「かなり、キツいですね」という声が本当に多かったのです。

すると、「こうした場合、どうすればいいのか」ということも、社員一人ひとりの中で自然と理解が進んでいったのです。若手社員たちの中にも体験の引き出しができ、「自分だったらこうしてほしかった」などの意見が出始めます。そこですかさず、「それをお客様に提案してみてはどうだろう」という形で、実践の場で得た体験や知識からクライアントに最善のご提案ができるよう、心がけています。

「第二創業期」を目指す経営者たちにも、こうした視点から自社を見渡していただき、社員が成長していくための環境づくりをお勧めしています。そうした基盤があってこそ、長く生き残っていくための経営戦略を打ち立てられるからです。

コラム①

廃業寸前から理念を構築し、社員一丸となって「初ボーナス」を獲得！

九州にある解体業を営む株式会社Oの社長との出会いは、2013年8月。当時、社長は孤軍奮闘していたものの、会社の状況はひどい状態で、廃業すら考えていました。

【理念構築前】（2013年8月）

①売上1億円。毎月300～400万円の赤字。ひどいときは1000万円の赤字。
②現場のほとんどが赤字で、受注するほど経営が苦しくなる悪循環。
③社員が育っておらず、全員「やらされ感」で仕事をしていた。
④社員に仕事を任せられず、社長も現場に出て1人で深夜まで働いていた。
⑤採用難で人材が採れず、既存社員は次々辞めていっていた。

その一方で、「どうにか会社を存続させたい」という想いを秘めていた社長。

ある日届いた1通のメールマガジンをきっかけに、当社とともに組織改革に取り組み、4年目には圧倒的な変化を遂げるという成長の軌跡を描くことができました。

【理念構築後】（2017年10月）

①2016年度売上1・3億円。純利益600万円以上に。
②社長が現場に出ずとも仕事がまわり、平均利益率20％以上。念願の初ボーナスも出せた。
③目標に向かい、社員が自ら動き出している。
④現場作業も営業も社員に任せられ、社長は新規事業のために時間を使えるように。
⑤イキイキと働く社員の姿に惹かれ、入社の応募が生まれている。

【株式会社Oの復活ストーリー】

今回のポイントは、明確なステップに沿って組織改革を進められたことです。

当初、「社長が1人だけ多忙」「社員は働く意義を感じられていない」という状況でした。そこで、「なんのための会社なのか？」を明確にした理念をつくり、「なぜ、この会社で働くのか」という誇りを社員の皆さんに取り戻していただきました。

その後、1〜2年目は幹部会議を通して「O社長と社員の関係性」「社員同士の関係性」を強化。3年目は社員自ら現場仕事を改善できる環境を整備。4年目で数値面の「目標」を掲げ、自分たちの行動を振り返り、圧倒的な変化を遂げることができたのです。

第2章

あなたの会社は 防戦型？ 応戦型？ 挑戦型？

●組織には、「防戦型」「応戦型」「挑戦型」の3つがある

会社組織の「防戦型」は、「過去」の出来事にとらわれて、未来を思い描くことができない組織。

「応戦型」は、とにかく目の前の「今」やるべきことに忙殺されて、未来を創造する時間が取れない組織。

「挑戦型」というのは、つねに1年先の時代の流れを読み、現時点で自社ではどんなことができるかを考え、その取り組みを進めている組織。

「第二創業期」に向かうとき、企業は「防戦・応戦型」から「挑戦型」に変わる必要があります。過去の出来事や今現在のやるべきことだけにとらわれている組織のままでは、これまで以上に社員数を増やし、社員たちの成長を応援し、事業を広げていくことは難しいと言わざるを得ません。そこから脱却し、経営者が会社の未来について考え、新たな挑戦ができる環境をつくること。すべてはそこから始まると言っても、過言ではないのです。

経営者がこれまで自ら陣頭指揮を執っていた仕事を幹部に任せ、そこでできた時間を次なる未来戦略を考えるための時間に充てる。

経営者が、未来に向けたビジョンを思い描く時間を持つことができればできるほど、その企業の成長度合いは高まっていきます。このサイクルがまわり始めることでスムーズに「第二創業期」へと入り、「N字回復」に向けた取り組みを実現していくことができます。

私がコンサルティングをさせていただく際、「社長は今、どんな時間の使い方をしていらっしゃるのですか?」と必ず質問させていただいています。

現在のあなたの会社は、「防戦型」「応戦型」「挑戦型」のうち、どのような状況にあるでしょうか。それぞれの組織の特徴について、次項から詳しく述べたいと思います。

●過去にとらわれる「防戦型企業」

まず、経営者自身の仕事の立ち位置が「防戦型」になっている企業では、経営者が過去の仕事の処理に追われているという特徴があります。

具体的にいうと、経営者がお客様のクレーム処理をしている、在庫管理という過去の整理をしているなど、過去の出来事の対処に追われているということです。

その処理のために時間を取られてしまい、本来の仕事である企業全体や社員たちのために未来のビジョンを描き、実行していく時間が取れないのです。ボクシングでいうならば、ずっと相手からパンチを受け続け、それをずっと防御しているイメージです。相手に攻められながら、とりあえず目の前のことをやろうとしているのですが、それらはすべて過去の出来事の対処にしかすぎません。

過去に経営者自身が臭いものに蓋をし、そのままにしていたことが現実に現れてしまっている。労働条件の問題などは、その典型と言ってもよいでしょう。そうしたことに時間を取られている社長の企業というのは「防戦型企業」なのです。

「防戦型企業」の場合、私はまず「専門家を使ってください」というお話をします。たとえば、クレームの根本原因については、社長自身は、もうおわかりだと思うのです。それは社員育成にあるのかもしれないですし、社内の仕組みに問題があるのかもしれません。その部分を改善しない限りは、同じことを繰り返して、社長の貴重な時間を削るだけですから、まずはその原因を改善していく必要があります。

労働条件などは、社内の仕組みや制度が整っていないことが大きな原因です。そのため、その企業自体の社員に対する考え方を整える、社内の人間関係を見直す、就業時間や休日について見直し、働きやすい環境を整えるなど、こうした部分の改善から対処していかなくてはなりません。

これらに対処する際、つい社長1人でがんばろうとしてしまうことが多いのですが、1人でやろうとしないことが、解決への早道です。

なかでも一番まずいパターンというのは、すべて社長任せになっていて、「社長に任せておけば大丈夫だろう」という社員の意識が強い組織状態です。「クレームが出たら社長に任せればいい」「問題が出たら社長に言えばいい」という社員の状態が、結果的に組織を「防戦型」にしてしまうからです。

やはり、大切なのは人なのです。社員一人ひとりが、会社のために自分には何ができるかを考え、それを実行できるよう、成長を促していく必要があります。「防戦型企業」から抜け出し、「挑戦型企業」を目指していくためには、クレーム対応や労働基準問題などの解決に向けて専門家（弁護士や社会保険労務士など）に依頼するのと同時に、人材育成についてもプロにサポートを求めることが必要です。

●現在、課題を多く抱える「応戦型企業」

今、起きている問題への対処に追われている会社、これが「応戦型企業」です。

社長自身が、目の前の事業、契約、売上、人事などに奔走して、会社の未来について考える時間を持つことができないという状態です。

私たちのクライアントで一番多いのが、このタイプです。「『応戦型』から『挑戦型』に変わりたいけれど、それがなかなかできない」と。ただ、社長自身「それでも仕方がない」と、あきらめている部分も見受けられます。

そこで、私たちが「社長は未来にどんなことを実現したいですか?」「どんなことをやりたいですか?」と聞くと、いろいろな想いが出てきます。それを実現するために、「今、社長がしている仕事を、誰かに任せてはいかがですか?」と、権限委譲について尋ねると、「いや、任せられる人が誰もいないんだよ」とおっしゃる方が非常に多い。

それは、社長自身がその仕事を手放したくないだけ、ということが往々にしてあるのです。自分がやったほうが早いと思っていたり、社長自身の仕事の基準が高すぎて部下に安心して任せられなかったり、社員たちを本心から信用していなかったりと、その理由はさまざまです。

あえて「任せてしまったほうが、社長のやりたいことができるじゃないですか。やりたいことがないんですか?」と聞くと、「やりたいことはあると言っているじゃないか!」と感情的になる方が少なくありません。

少し脱線しますが、実はこれ、社長自身が現場で感情を出してしまっているという証拠でもあります。社長が幹部や社員と話している場面でも、社長が矛盾を突かれた瞬間、つまり、社長にとって嫌なことを言われた瞬間に、感情的になってしまう。そのような状態で、本当に社員が一丸となり、未来を見据えた組織をつくりあげていくことは可能でしょうか。

「応戦型」から脱却し「挑戦型」の企業にしていくには、まず社長自らが自分の中の矛盾に気づき、それらと向き合う必要があります。そこから、社長がこの会社を通じて果たしたい夢、社員たちの将来像、企業をどのように発展させていきたいかなどのビジョンを深めていくことが重要になるのです。

もう1つ多い例は、社長自身が〝現場大好き人間〟であるということです。現場が大好き、お客様が大好き、社員が大好き。ただ、この大好きというのは、結果的にそういう人たちに関わっている「自分」が大好きで、自分自身にスポットライトが当たる場にいるのが好きという場合が多いのです。

こうした〝現場大好き社長〟で組織がうまくまわるのは、社員数20名くらいまで。そこから先、社員を増やし組織を大きく発展させていく場合は、その環境を乗り越えて、社長自身が現場で活躍するのではなく、会社の未来を見据え、社員たちの将来を考えた組織づくりをしていくための準備をしなくてはなりません。

「応戦型企業」の場合も、人数がある程度増えた時点で、社長の時間の使い方を見直し、「挑戦型企業」として成長するためのシフトチェンジをしていく必要があります。

●つねに1年先を読む「挑戦型企業」

現在のステージからワンランクアップし、企業をさらに発展させていくには、社長自身が1年先を見据えて行動する「挑戦型企業」にシフトする必要があります。ここで「挑戦型」に組織を変えていかなければ、企業としてさらに拡大していくのは難しくなります。

ここから先は、社員一人ひとりが会社のことを考え、会社の目的を遂行するために働き、社長はそんな社員たちが気持ちよく働ける環境をつくり続けていく必要があるからです。

「挑戦型企業」の社長の目は、未来に向いていています。企業の未来を考えたときに、今、自分はどういう時間の使い方をすべきなのかを考え、事業や社内組織づくりなど実務的な部分において、半年、1年先のことを見据えた取り組みに着手している状態です。

たとえば「うちの会社には今後、この考え方や知識が必要だな」と考えて、そのための勉強会に参加したり、人脈を広げるための交流会に足を運んだり。社長がそのようにして使う時間が、会社の未来をつくるための大切な時間となっていきます。

それと同時に、5年、10年先にご自身の会社をどのようにしたいかというビジョンもあることが大切です。

「社員全員が仕事に喜びを感じられる会社にしたい」「日本を元気にするような会社にしたい」など、会社自体の目的のようなものであってもかまいません。1年先を見据えた実務的な取り組みと、10年先のビジョンの両方を持つことで「挑戦型企業」としての地盤が強化されていきます。

●会社の成長スピードは組織の型で決まる

会社の成長スピードは、社長自身がどのポジションにいるかによって変わってきます。過去の問題にばかり対応する「防戦型」を続けるのか、現場の仕事に追われる「応戦型」に居続けるのか、それとも「挑戦型」へとシフトチェンジし、会社の未来を考えるために時間を使っていくのか。

要は「社長自身が変わらなければ、会社の未来はない」というところに、気づいていただきたいのです。

そのために、これまでご自身が手がけてきた現場の仕事は、社員を信じて任せるということをしていかなくてはなりません。「任せられる人がいない」とおっしゃる方が多いのですが、絶対に任せられる人はいるはずなのです。そこに対する信頼を築いていかないといけませんし、自分と同じようにやってほしいという期待を他者に持たないこと。ここが重要なポイントです。

社長ご自身がされていることの5割をやってくれたら、良しとする。そのように考え方を変えてみてはいかがでしょうか。社長の力を100としたら、50くらいできる人を4人そろえれば200になり、これまでの社長の倍の仕事ができるようになります。この部分はAさんに、あの部分はBさんに、あれはCさんに、ここはDさんにと任せていけば、これまで以上の力を出すことができます。そうなるよう、社長がうまく彼らをマネージメントし、その一方で、未来へのビジョンを思い描く時間も持つようにするのです。

そこが「応戦型」の経営者の転換ポイントです。そこから「挑戦型企業」へシフトチェンジし、社長自ら会社の未来をつくる取り組みに着手していく。そうすることで、結果的にその企業の成長スピードは格段に変わってくるはずです。

●経営者と社員とでは「強い組織」の意味が違う

企業が成長していく際、社員数が増えたり、事業が増えたり、売上が伸びたりするのと同時に、「強い組織」としての基盤を築いていく必要があります。ただ、これまで多くのコンサルティングを通じて経営者や社員のお話を聞いていると、「強い組織」に対する認識に若干のズレがあることが往々にしてあります。

経営者が考える「強い組織」というのは、「社員一人ひとりが自ら動き、自律している」

「仕事で目標を達成しているか」など、会社全体の動きに貢献しているかという観点で考えている場合が多いのですが、社員の方では、「強い組織」というのは「スキルや専門性の高い人が集まっている」など、実務をどれだけきちんと行っているかという観点で考えていることが多いのです。

この部分を統一し、それぞれの企業の基準、言葉の定義というものをつくっておかないと、いざ「強い組織」の構築に着手した際、空中分解してしまう危険があります。

ひと言で「強い組織」といっても、その考え方は無限大にあるので、「我々が考える『強い組織』は、決められたことをきちんと遂行する組織だ」など、定義づけをきちんとしておく必要があります。

経営者と社員の間にある「強い組織」についての言葉の定義を整えていくことが、実際の組織づくりにおいて非常に重要なのです。

ここで、「強い組織」づくりを急ぐあまり、能力のありそうな中途社員を採用すれば、どうにかなるのではないかと考える経営者が、非常に多いのです。ただ、中途社員採用については落とし穴があります。中途採用をすれば、すぐに組織がよくなるということはほとんどないと言えるでしょう。

●「ベテラン中途採用」で陥りやすい罠

中途採用を検討しているという社長に「なぜ、中途採用するのですか？」と尋ねると、多くの方は「即戦力がほしい」と答えます。「では、なぜ即戦力が必要なのですか？」と聞くと、「売上の数字を上げるため」「経験者が少ない現場を活性化させるため」「今のマネージャーでは力不足で現場をまとめられないから」などとおっしゃいます。

でも、よく考えてみてください。前の会社で「スキルを上げてきました」「結果を残してきました」「マネージメントをしてきました」といっても、今の会社とは状況も環境も違うわけです。前の会社でできた仕事が、今の会社でも同じようにできるかどうかは、未知の部分になるはずです。そこの部分の相違で、中途採用をしたものの「思ったような成果を得られていない」という声を耳にしています。

こうした事態に陥らないためにも、中途採用では、スキルだけでなく、その人の自社に対するマインドも注意深く見ていかなくてはなりません。

逆にいえば、中途採用であっても、社長が掲げる理念や組織に対する考え方、方向性などに共感し、そのために「この会社で働く」という高いマインドを持った人材であるなら、中途採用であっても差し支えありません。

「中途採用をしたい人材がいる」という経営者のお話を聞いたとき、私は「社長とどのくらい付き合いのある人なのですか？」と聞くようにしています。昔からの知り合いで、会社の成長も知っている、会社にも出入りがある、協力会社の担当営業マンで人としても信頼できるという人であれば、社長のことも会社のことも理解しているはずです。そういう引き抜きは問題ないでしょう。

しかしそうでない場合、中途採用者にかける時間があるなら、「それを今いる社員に向けてみませんか？」というのが、私たちのスタンスです。

「今いる社員たちではダメだから中途採用を」という短絡的な考え方ではなく、今いる社員の中から「この社員は育ちそう」「本人が成長したがっている」などを社長自身が見極めて、そういう社員を育てていくことに力を注いだほうが、結果的に会社のため、社員のためになることが多いのです。

本当に優秀な人材というのは、大概が引き抜かれていきます。

出入り会社の社員と世間話をしていたとしましょう。そこで「社長、自分はもっとキャリアを伸ばしたいんですよね」とか、「子どもも生まれたし、今の給料では今後が心配なので、もっと違う分野で活躍したいんです」などという話が出た瞬間、その人がいい人材であれば、「うちに来ないか？」と声をかけるのではないでしょうか。

つまり、本気で転職を考えている優秀な人材というのは、中途採用市場に出る前に、次の会社がもう決まっているわけです。

そう考えると、今いる社員たちに目を向けて、「こいつらはダメだ」ではなく「どう活かせるか」ということに力を注ぐほうが「急がば回れ」で、「第二創業期」を成功させる近道になるのではないかと考えています。経営者には、安易に中途採用に頼るのは、危険が伴うということに、気づいてほしいと思っています。

私たちの会社では、こんな事例がありました。ものすごくお客様思いのA君という社員がいるのですが、営業がものすごく下手なのです。新規のお客様を獲得することはできないけれど、既存のお客様のフォローは絶対にうまくいく。そこで、A君を配置転換したところ、少しずつ彼の強みが発揮されるようになっていきました。

こういう若手に新規営業を担当させて、「やれやれ！」とお尻を叩いても、できないものはできません。そこで、「こいつはダメだ」と見限るのではなく、その人の強みを活かした配置転換、キャリアづくりをしていくというのは、「強い組織」をつくるうえで、とても重要なことだと思います。

ただ、A君の直属の上司の目には、近すぎてそうしたことが見えない場合があります。そうなると、「こいつ、本当に営業ダメだな」というレッテルを貼ったり、「新規顧客を獲得できない＝顧客フォローもできない」という先入観を持っていたりするのです。

当然、上司という立場であれば、売上の数字や成績といったプレッシャーもありますから、「なぜ、数字を上げられないの？」という見方しかできなくなることもあります。そうなったとき、社長から「それは違うよ」と話してあげないと、その上司も社員もお互いが苦しくなってしまうでしょう。

「強い組織」をつくる際には、誰を育てるか、どのように育てるかを見極める社長の観点が重要なのです。

●会社の内外で起きるアクシデントに揺るがない組織づくり

企業経営にアクシデントはつきものですが、多くの経営者が対面する事例として多いのが離職問題です。離職者が出たとき、その企業が「防戦型企業」もしくは「応戦型企業」だった場合、「どうしよう、あいつが辞めてしまった」とバタつき、「辞めた後をどうフォローしようか」と、現場が揺れてしまいます。

一方、社長の視野が未来に向けて開けた「挑戦型企業」となっていた場合、もし誰かが辞めたとしても、既存の社員たちの間から「その分のフォローはできるので、僕たちは大丈夫ですよ」という声が自然と上がる現場になっているはずです。

その一方、会社の理念を浸透させたり、社長—幹部—社員の関係性を見直したり、企業の将来を見据えた事業展開を考えたりしながら組織変革を行ったことで、これまでいた社員が辞めてしまうケースもあります。

ただ、そういう人材は正直言って、まったく惜しくありません。組織の理念や方向性に共感できずに辞めるというのは、どれだけスキルが高い人材だったとしても惜しくはないのです。

なぜなら、「想いは違う。でもスキルはある」というその人が、今まで何のためにその企業で仕事をしていたのかというと、目的はお金か、立場か、その人にとっての何かだったわけです。

そういう人というのは、ほかの社員の成長に何かしらの形で蓋をしていた可能性があります。そういう人がいなくなることでその蓋が外れ、企業の理念に共感して残った社員の力が存分に発揮される環境になったわけですから、長い目で見たら、会社にとってはよい出来事となるわけです。会社の成長のブレーキを踏んでいた人が辞めるわけですから。

このように組織が整うことで、そこに居づらくなった社員が抜けていくのは、自然の原理ともいえます。本気で「第二創業期」を見据え、社員たちが成長し、発展していける企業にしていくには、こうした出来事も時には必要なのです。

コラム②

創業100年の中小企業が経営理念を見直し、全事業部で増収増益に成功！

岡山県にある株式会社Nは、1913年に飼料雑穀店として産声を上げ、2013年に創業100年を迎えた歴史ある企業です。出会った当初、四代目であるN社長は、

①新入社員や若手社員の早期離職、②慢性的な残業の実態や不満、③協力体制のない組織内の派閥の存在、などの課題を抱え、改善策を求めて悩んでいました。

当社のセミナーに参加後、「理念構築合宿」を経て、経営理念「善き仲間と善き事業、善き人生を創り続ける」を生み出したN社長。その経営理念は、2日間かけ、素の自分になってできたものだからこそ、「絶対にブレないものになりました」と言います。

その後、社長自身が幹部社員に感情を素直に伝えられるようになり、関係性が徐々に変化。以前はなかった社員からのフィードバックが出るようになり、社員と深く本音の対話ができるようになりました。

「常務である弟とは、以前は当たり障りのない会話しかしていませんでした。でも、弟と腹を割って話せるようになり、関係性が大きく変わったことで、会社の業績も含め、社内の大きな変化に直結したと思います」と、振り返ります。

また、経営理念をつくってすぐの12月、労働基準局の監査が入り、経営理念をもとに全社員で事態に対処するというチャンスが訪れました。その際には幹部社員が社長の代わりとなり、社員の個人面談や日常的な業務を行ったことがきっかけとなり、社員の不満として多かった残業体質も「みんなで変えていこう！」という動きが生まれ、現在では残業はほぼなしという状態になっています。

実際の実務に関しても社長は口出しせず、幹部社員たちに任せていくことが増えました。経営理念を介して社長と幹部社員のつながり、幹部社員同士のつながりが強化され、部門を越えて積極的に協力できる組織風土が生まれたのです。

その結果、社員たちもただ時間を過ごすような働き方ではなく、工場の稼働率や生産目標数値などを意識して動けるようになり、すべての事業部門において、増収増益を達成することができました。

「これまでも仲間という表現は使っていましたが、誰かと【一緒に】という感覚はありませんでした。今は社内には社員がいますし、社外ではソリューションはもちろん、オーナーズクラブで一緒に学ぶ経営者の方々も、ともに会社をよりよくする【仲間】だと思えて、とても心強いです」というN社長。さらなる組織の発展に向けて、挑戦はこれからも続きます。

第3章

「できる社長」は社員のやる気をなくす

●「人材」を「人財」にする社長VS「人罪」にする社長

会社に対するマインドとスキルで、社員を「人材」「人在」「人罪」「人財」という4つの区分に分けて考えることができます。

縦軸が【マインド】＝会社に対するロイヤリティ、会社に対する想いの強さ

横軸が【スキル】＝業務遂行力

こうしたスケールで社員を分けた場合、次のような区分けになります（図2）。

●「人材」…スキルはまだないが、会社に対するロイヤリティが高い

●「人在」…スキルもなく、会社へのロイヤリティも低い

●「人罪」…スキル、あるいは能力があるが、会社へのロイヤリティが低い

●「人財」…スキルや能力があり、会社へのロイヤリティも高い

たとえば、大学を卒業したばかりの新入社員は、「人材」にあたります。社会人としてのスキルは未知数でも、その会社の理念や事業の在り方に惹かれて入社しているからです。

そうした「人材」を「人財」にするには、会社に対するマインドを維持しながら、業務を教えていかなくてはなりません。これが本当の意味での育成だと考えています。

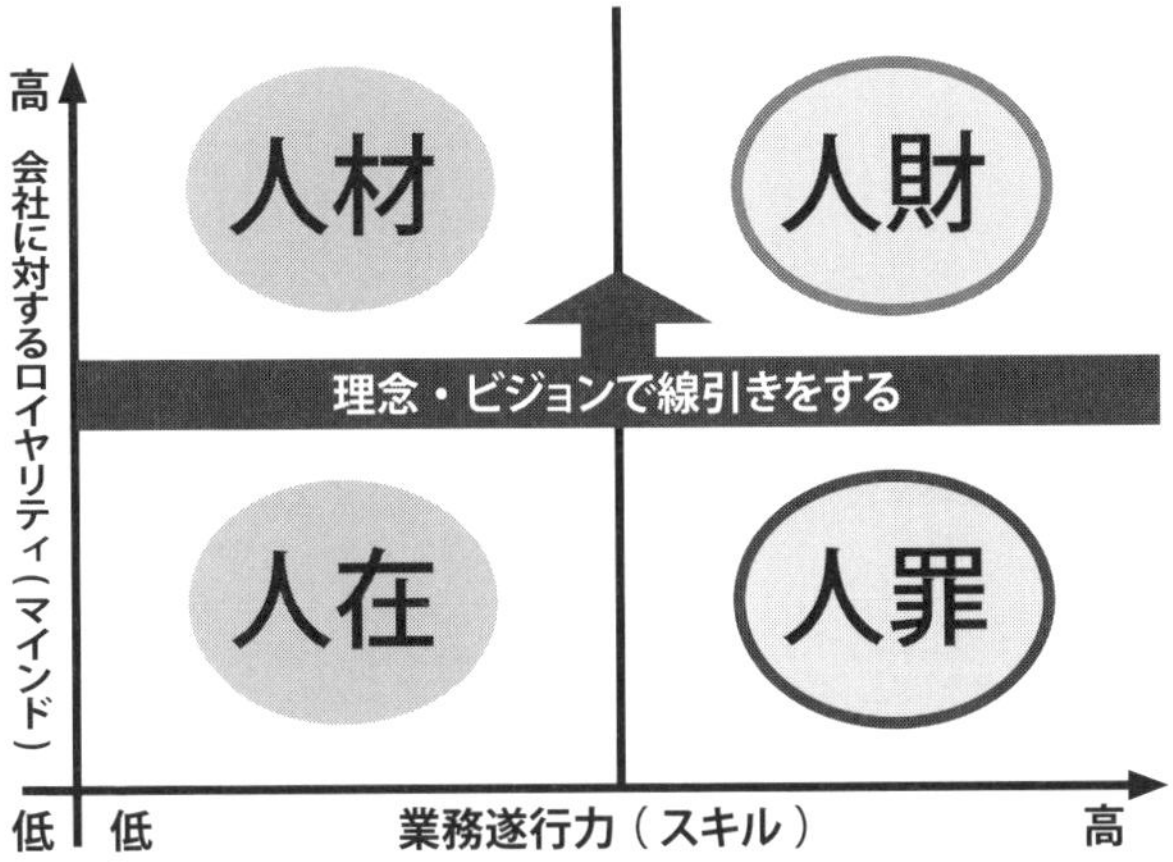

図2　4つの人“ざい”

現実では、多くの新入社員が入社後にギャップを感じています。入社前は「アットホームな環境で、丁寧に指導します」といっていたのに、実際に現場に入ったら「ほったらかしだった」など、オーバートークの内容を信じて入社してみたら、全然違っていたということでは、会社に対するロイヤリティ、つまりマインドは一気に下がってしまいます。

スキルもなくマインドが下がってしまった人は、そこにいるだけの人＝「人在」になってしまいます。入社後のギャップをなくしながら、その社員が成長実感を得られるようなアクションを会社側から与えていく必要があるのです。

私たちが上の図の中で、キーフレーズとし

てみているのは、「組織に対する影響力」です。ただそこにいるだけの人（＝「人在」）というのは、組織に対して何の影響力も持っていません。9時から17時まで働いてやるべきことだけをやって、プライベートを充実させたいというなら、それでOKと捉えています。しかし、多くのコンサルタントが「人在」を「人罪」とみなしています。

一方、会社に対するロイヤリティはないけれど、スキルだけはあり、組織の中でも非常に高い影響力を持つ「人罪」の人たちの「罪」というのは、非常に大きいと考えています。どのような「罪」かというと、「人材」に悪影響を与えてしまう「罪」です。

一緒に仕事をしたり、飲みに連れて行ったりして「人材」とつるむことで、「会社はこんなこと言っているけどな……」「どうせ社長はさ……」「俺は数字だけ出しておけばいいんだ」などと会社の批判や社長の悪口を吹き込み、「人材」を「人在」にしてしまう場合が往々にしてあるからなのです。

「人材」に対しては、幹部の方々がスキルを伸ばして育てていき、経営者が会社の理念や目的などといったことを語り続けるということができなければ育成はうまくいきません。

一方、「人罪」に対しては、もともとスキルは持っている人たちなので、マインドの部分を経営者が引き上げていかなくてはなりません。この部分は幹部ではなく、経営者が担うしかありません。

「人材」にも、「人罪」にも、ご自身の考えや会社の理念、方向性を、つねに社員に対して発信し続けていくということが、経営者の大切な仕事の1つです。

●「人罪」を「人財」にするとっておきの方法

経営者にとって「人罪」は、正直、扱いづらいという思いが根強くあります。しかし、「人罪」を「人財」へと引き上げる方法はあります。人が相手に心を開く瞬間というのがありますが、とくに「人罪」の場合、自分のスキルを認めてもらえていると感じたとき、相手に心を開く傾向があります。

こういうタイプの人たちは、給料など経済的な評価よりも、自分のプライドを保てるような、言葉による評価のほうが心に響きやすいのです。だから、「この人はすごいんだよ」と、社長があえて周りに言うと「自分を理解してくれている」と、心を開いてくれるようになるのです。

長年、仕事をしてきている社員というのは、心のどこかに必ず愛社精神を持っているはずです。本当に会社が嫌いだったら、「人罪」タイプの人の場合、とっくに辞めているでしょう。それでも会社に残ってくれているというのは、どこかでまだ会社のことが好きなのです。その部分をいかに経営者が引き出してあげるかが、大事なポイントです。

その部分をもう少し醸成してあげるために、社長から少し折れて「いつもありがとう」と、意識的に言葉をかけてあげてもよいでしょう。まずはその人を社長の味方につけることが必要です。

「そんなことしたくない。それをするなら『人材』の人たちに力を注ぎたい」という経営者が多いのですが、そこは温かく「人罪」の人たちを見守ってあげてほしいと思います。「人罪」がマインドを高めて「人財」となってくれることが、組織を強固に築いていく上で、実は一番の早道になるからです。

「人財」にあたる人が多いほど、その会社の発展性は高いのです。しかしどのような組織でも、2：6：2という、2割の人が優秀な働きをし、6割の人が普通の働きをし、2割の人がよくない働きをするという法則があります。必要最低な働きしかできない、下の2割にあたる「人在」も、会社にとって必要なのです。この人たちのうちの誰かがいなくなれば、「人材」もしくは「人罪」の人たちが、自然とそこに下りてくるからです。

だからこそ、社員全体の底上げが必要になるのです。また、企業によっては、「人在」の人たちにやってもらう必要がある業務もあります。「人材」「人在」「人罪」「人財」とそれぞれに役割があり、そうしたバランスの上で、会社の組織というのは成り立っています。

●社長のアクセルは、社員のブレーキ

社長と幹部、社員の間には、意識の差がかなり大きくあります。とくに社長と幹部の間では、責任という意味での大きな差があります。

たとえば、「成熟期」から「第二創業期」への移行がうまくいかないと、会社の存続が危ぶまれる「衰退期」に入っていきます。そこで、会社が本当に危ないとなった場合、誰よりも社長自身が「どうにかしなくてはいけない！」と、焦り始めます。その決断スピードとスキル、行動量という部分では、もう圧倒的に経営者が社内ではトップです。

つまり、社長が思い切りアクセルを踏むと、一気に猛スピードということになります。するど、社長がアクセルを踏んだそのスピードについていける人間と、ついていけない人間と、社内では完全に二極化します。

多くのついていけない人間にとっては、いきなり何が始まったのかわかりません。「急

に社長が出てきて、何が始まったんだ？」と、あまりのスピードに、思考も追いつきません。そこで一気に、経営者と社員との間に溝ができてしまうのです。

社長がアクセルを踏むと、社内の内部分裂が広がっていくということを理解しておく必要があります。アクセルを踏むなら、少しずつ、社員がついてこられるスピードを自覚することが大切です。現実に社長の改革が実現するのは、社長の孤軍奮闘ではなく、社員とともに力を合わせたときであることを肝に銘じることです。

その一方、コンサルティングの現場では、場合によっては意図的に社長にアクセルを踏んでもらうこともあります。社員をふるいにかけ、それぞれの能力を伸ばすにはどうするのが一番良いかを見極める際には、「社長、アクセルを踏んでください」とあえて言う場合があるのです。

すると、ただぶら下がっているだけだった人たちが、どんどん振り落とされていきます。そういう状況になると「このままだと、しんどそうだな」という社員が見えてきますし、その人たちを「どうフォローするか」という幹部の行動も明確になってきます。

私自身も社長として、自社内で意図的にアクセルを踏むことがあります。その場合は2つの基準を設けて、社員たちを見るようにしています。

2つの基準というのは「あきらめない気持ち」と「見極める気持ち」です。

あきらめないというのは、「絶対にこの社員の可能性を見出《みいだ》す」「それぞれの社員にできることをきちんと考える」ということ。

見極めるというのは、「この業務はちょっと無理だな」と思う瞬間のことです。

この2つは矛盾しているようにも見えますが、ここのジャッジは経営者にとって重要な部分です。

もちろん、社員に対して期待は込めたい。でも、見極めなくてはいけない。このバランスは、経営者にも社員にもお互いに影響し合っています。このバランスが崩れると、社員にとっては「できないことを押しつけられている」という感覚が生まれます。

この状況が続くと、社員にとってはどんどん職場にいるのがきつくなってしまいます。

そこで、ある時点で経営者が「ここまでだな」と見極めて、ポジションチェンジや役割替えを考えなくてはいけません。

「今の仕事に合わないな」と見極めたら、部署替えや転勤などで環境を変えて、その社員の可能性がどう開くかを見守っていきます。

当社の社員で言うと、現在マーケティングの責任者を務めるKのケースがこれにあたります。彼は新卒入社の7年目で、最初はコンサルタントということで採用しました。ところが営業がものすごく苦手で、「このままいったら彼自身が潰れるか辞めるかだな」と、ある時点で感じました。

半年間、彼の様子を見ながら「強みはなんだろう」と考えたとき、納期はしっかり守る、スケジューリングが非常にうまいという部分が見えてきました。そこから、「営業よりもマーケティングのほうが合うかもしれない」と見極めて、営業からマーケティングへの異動を提案したのです。

採用したときの判断は、Kは早稲田大学の演劇部だったので、地頭もよいし、演じられるという部分もあるので、絶対に営業は向いているというものでした。ところが、営業に出ると、台本がなければ何もできないという状態でした。台本があれば演じられる。台本がなければ、急な展開に対処しきれず、何をしていいかわからなくなってしまう。

そこでマーケティング部に異動させ、市場調査や仕事の仕組みづくりなどを任せることにしました。

その結果、まだ課題は多いものの、責任者という役割を担うまでに成長してくれました。最近は営業マニュアルをつくっているのですが、彼にとってこういう部分はすごく得意なので、活躍してくれています。いわば、台本づくりの作業です。

Kは顧客心理などをマーケティングで学び、すでに知識はある。ただ、それは机上の空論かもしれない。実際の現場で通じるかどうかは、実際にやってみないとわかりません。しかし、台本があれば、演じることができる。先日の面談では、「長友さん、マニュアルができたら、3カ月限定で営業をさせてください」という話がありました。この申し出は、私にとっても、とても嬉しいものでした。

ただ、そこで手放しで喜べるかというと、そうでもないのです。過去に営業で失敗したという経験があるので、やはり彼の中には苦手意識があります。そこを払拭する必要があるのです。

そんなとき、Kが手がけた制作物を見て、新規のお客様からお問い合わせが入りました。Kからその報告があったので、「担当に振る前に、まずは自分で依頼内容をうかがってみろ」と指示しました。

いつもは「え、僕がですか?」とおよび腰になっていたのですが、そのときは「わかりました」と、とてもスムーズな対応でした。

仕事の中に、こうしたワンステップがあるのとないのとでは、社員の成長度合いがまったく違ってきます。Kの事例でいうならば、彼が仕掛けた原稿や販促物でお問い合わせがきたということは、それをつくった本人にとって「何が響いてお客様はお問い合わせをくださったのか」をキャッチするチャンスになります。それと同時に、営業が苦手だという意識を克服するためにも、そうした1本の電話を自分からするかしないかによって、今後の彼の成長、ひいては会社の成長が大きく変わってきます。

社員の可能性を見極めるために、あえて少し背伸びした役職を与えることもあります。「たとえ今すぐ意味がわからなくても、違う世界を見ておいてほしい」という願いを込めて。

その逆に、降格というとあまりよいイメージがないようですが、当社では昇格させて1つ上の世界を見せたけれど、「自分はまだそのステージではなかった」と本人が納得した上で、1ランク降りてもらうこともあります。

「降格するのはちょっと……」という戸惑いの反応があるのですが、「なんのために、そうしたのか」という理由をきちんと伝え、お互いにそれを理解し、「1つ降りた次のポジションでは、こんなふうにがんばってほしい」ということを伝えていけば、そこまで社員のモチベーションが下がることはありません。

たとえ降格したとしても、本人の視座が一度は上がっているので、1ランク降りたときの仕事におけるパフォーマンスが高くなっているのです。そうしたメリットもあるので、社員の現状に合わせて、ポジションをスライドで変えたり、上下させたりするというのは、それぞれに効果があると考えています。

1つ先の世界を見て、自分に足りないところがわかり、自分でそれを補う努力をする。社員がそのように考え、自ら行動できる環境をつくっていくことが、経営者にとっての大事な仕事の1つです。

●「当たり前基準」の高い社長は部下に仕事を任せられない

基本的に経営者というのは、独自の発想力と行動力とビジネスセンスで会社を立ち上げ、これまで企業を運営されてきた方、事業を継ぐという覚悟を持ち、小さい頃から商売というモノを間近でみてきた方がほとんどです。

ご自身の能力が高いため、社員たちも自分と同じように仕事ができるはず、と思いがちなのですが、社員というのは、社長ほどの能力はまだ持っていません。それは、給料の金額の違いからもわかることだと思います。もし、経営者と同じくらいの能力がある社員がいたら、その人にも、社長と同じ額のお給料を払わなくてはいけないということになります。

このように、社長の「基準」というのは本来とても高いのです。「これくらいできて当たり前」という「当たり前基準」で判断するため、「安心して社員に仕事を任せられない」という経営者が多いのです。

社員に仕事を任せたとしても、自分よりもレベルが低い仕事のやり方が気になってしまい、「もっとこう見ることができるよ」「もっとこう考えられるよ」などと口出しするうちに、だんだん心もとなくなっていき、最終的には「もう、俺がやるからいい」になってしまう。そのパターンから抜け出さない限り、社長の今すべき仕事が増えてしまい、未来に向けたビジョンを描くという仕事には取り掛かれません。

まずは社長の「当たり前基準」を下げて、社員をみていく必要があります。自分が期待したことの「50％できれば、まずはいいかな」「80％できたら、すごいことだ」という意識を持って、彼らが手がけた仕事を受け入れる。そこが経営者としての器量につながっていきます。

それと同時に、任せた仕事ができているか見守ることも必要です。パナソニックの創業者・松下幸之助さんの言葉に、「任せて任さず」というものがあります。さまざまな捉え方があると思うのですが、私自身は「ただ任せてあとは知らない」というのではなく、任せた後も見守り、その人が自分の力で成功するまでフォローを続けることが、本当の意味での「任せて任さず」になると考えています。

任せたけれども、折を見て「大丈夫か？」と進捗《しんちょく》を確認したり、「納期は明後日だけど、何か協力できることはないか？」と声をかけたり。私自身、社員に対するこうしたことは、自分からしていくように心がけています。

この声かけのタイミングも重要です。プレゼンなどの当日に「大丈夫か？」と言うと、言われた本人は焦るだけです。そこで2、3日前に「(私のほうで)何かすることがあるか？」「どこかわからない部分はある？」などと声かけすることで、「任せて任さず」を実践しています。こうした声かけは、相手を信用していないからというものではなく、成功させるためのサポートという位置づけと考えています。

仕事を任せた以上、自分の「当たり前基準」は少し下げ、社員を見守ってサポートしていくことが、社員に仕事を任せるうえでの大事なポイントです。

また、社員に仕事を任せて失敗してしまった場合どう考えたらよいのでしょうか。「失

敗はあなたの責任」と、失敗をすべて部下のせいにするというのは、根本的に違っていま
す。「部下の失敗の責任は上司にある」という考え方で対処する必要があります。

●社員が辞める理由はただ1つ、「自分は必要ない」

社員を成長させるためには、「任せて任さず」という姿勢で見守り、サポートを続けていくことが必要です。ただ、事業の流れを考えると、そうも言っていられないときというのが必ずあります。

当社の場合でいうと、任せた仕事なのに、納期を守らず、クライアントをお待たせしてしまっている状態になったとき。そういう事態になったときには、「もう、結構！」と瞬間的に、社員から仕事を取ってしまうことがあります。私自身、やってしまった後に反省するのですが……。

事業を考えたら、そこで仕事の任せ方をスイッチすることが不可欠ですが、大事なのはそのときのスイッチの体制と指示の仕方です。

「もう、結構。任せろ。俺がやる！」と、パッと仕事を取り上げてしまって、その社員

に対するフォローもしないと、当人はナイフで刺されたような感覚を覚えていると思います。

「自分がミスをした、上司が焦っている、顔が怖い、仕事を取られたけれど上司がやったら15分で解決した、自分のこの3日間は一体なんだったのだろう……」

きっと、こうした思いが胸の中を去来しています。そして、このような自分の無力感を目の当たりにする経験が重なると、社内における自分の存在意義が薄れていき、最終的には「自分は必要ないから」と、辞表を提出することになりかねません。

社員が自分自身を「この会社には必要ない」と思ってしまうことは、会社に対するロイヤリティを下げることに直結します。こうした事態が起きた場合、その後のフォローが大切です。

それには「直接」と「間接」の2パターンの関わり方があります。

まず「直接」の場合、その業務が終わった後、必ずその社員に「こういうことをして、このような形でお客様にメールを送った」などの結果報告をします。実務的な部分においては、お客様にメールを送る際には、必ずCCで本人のアドレスも入れて送ります。最初のメールを送信するとき、私からお客様に対して必ず「すみませんでした」「私自身がきちんと管理できていませんでした」というお詫びの言葉を添えます。

さらに、その後のメールのやり取りを通じて、「私はこういう内容で、こういう資料をつくって送ったよ」と見せてあげる。こうした一連の流れを知ることは、本人にとって学びの1つとなるからです。

もし、そこでCCをつけずにいたら、私がどういう仕事をし、どのような文面で、いつメールを送ったかということが伝わりません。すると、本人はそのことを気にしたまま、モヤモヤとした気分を抱え続けることになってしまいます。

でも、CCをつけてメールを送ることで内容を伝え、本人が「ああ、なるほど……」と思ったあたりで、こちらから声をかけるようにしています。そこで、「あれくらいなら、あなたにもできたはず」と一度叱りはしますが、「ああいうふうにやってほしかったんだ」と説明し、その流れで「あのときになぜ仕事を取ったか」という話をします。そのときは「成長する姿を見たかったけれど、お客様に迷惑はかけられない。お客様、待っていたからね」など、私自身の気持ちも伝えるようにしています。

もう1つ「間接」の場合は、こうした出来事を、その社員と私の間にいる人間、たとえば、各拠点のトップなどに報告し、「あとのフォローを頼む」と任せます。絶対に「長友さん、冷たい……」などと、社内で愚痴っていると思うので（笑）。「あの人との仕事はやりづらい」「当たり前基準が高すぎる」とか、きっといろいろあるでしょう。

そこで、その社員の上司にあたる人間に、「私もそうだったよ」「私も同じような経験をして、つらい思いをしたけど、あれがお客様には一番の基準、あれがソリューション基準なんだ」「私もそういう経験をしたけれど、今ではこういうポジションや仕事もできるようになったよ」などと、フォローしてもらうわけです。

そのように第三者に入ってもらったほうが、本人も素直になれるし、愚痴を吐けるので、気持ちの整理がつきやすくなります。

さらに、こうしたやり取りがその上司から上がってくるので、その後の状況も把握しやすいのです。こうした連携が取れることで、社員一人ひとりが仕事に対して積極的にもなれますし、もっと仕事ができるようになりたいという成長意欲も引き出すことができます。

こうした流れは、私たちがコンサルティングの際にお勧めしている組織改革の原型でもあり、企業内コミュニケーションがスムーズであることの重要性も表しているのではないかと思います。

●優秀な社員が逃げ出すトップダウンの会社経営

私たちのクライアントの会社でもよく見受けられるのですが、業績が停滞し、社長が焦り始めて「いいや、俺がやる！」とトップダウンを強化してしまうと、優秀な社員ほど、その状況を冷静に見るようになります。そういう優秀な人たちほど、会社の危機に際しても、合理的に対処してくれたりもするのです。

ところが、社長が焦ってアクセルを全開にし始め、その状況にどっぷり浸かって、社長自身の視野が狭くなればなるほど、その社員たちは状況を客観視し、「この会社ちょっとしんどいな」「社長が現場に戻れば業績は上がるけど、戻らなかったら……」ということで会社を見切り、最悪の場合は辞めてしまうこともあります。

従業員数が30名以上の企業の場合、社長のトップダウンが強くなればなるほど、社員はYESマンになったり、優秀な人材が動ける許容範囲が狭まったりしてしまいます。

「経営の神様」ともいわれる稲盛和夫氏の言葉に、「組織はトップの器以上にならない」というものがあります。それと同様に、社長の視野や行動が狭くなればなるほど、社員のそれらも狭くなる。すると、「自分の視野や行動をもっと広げていきたい」「今よりも先を目指したい」など、モチベーションの高い社員たちは、辞めていってしまいます。いつまでもトップダウンの組織であり続けることの弊害は、このように優秀な社員から見切られるということが一番大きいのです。

実は、社員から会社が見切られるステップというものがあります。優秀な幹部や社員というのは、最初は経営者に積極的に意見を言ってくるのですが、だんだんと意見を言わなくなってきたら、黄色信号です。

以前、あるクライアント企業のところへ3カ月ぶりにうかがったとき、幹部の中でもすごく勢いのあったAさんが、ものすごく静かになっていたことがありました。話していても、以前のような覇気がなくて「なんだかおかしいな」と感じました。

私には本音を言わないだろうと思ったので、一緒に担当していた社員にヒアリングしてもらったところ、「社長に言っても、もう変わらないので、言うのはやめました。淡々と業務をやって、社長からのトップダウンの影響がないように、みんなの壁になるだけでいい。私から何かを言うのは、一切やめました」と話していたというのです。

これはちょっとまずい傾向だなと思いました。この状況が続いたら、ある日突然、辞めてしまうような気がしたからです。

もともと優秀な人であっても、社長自身がトップダウンを続け、優秀な社員の意見を聞かなかったり、自分の意見ばかり押しつけていたりすると、このような形で見切られてしまうことがあります。そういう優秀な人たちが「もういい！」とちゃぶ台をひっくり返した瞬間、組織は崩壊します。一番たちが悪いのは、仲間を引き連れて辞めてしまうことです。こうした事態を防ぐためにも、トップダウンの経営スタイルから抜け出していかなくてはなりません。

経営者の決定、指示に従う「指示待ち型組織」というのは、会社の成長度合いにもよりますが、2つのタイプがあります。

指示待ち型でいることが成長につながるタイプと、会社の成長を止めるだけでなく、衰退に向かわせるタイプです。

会社のメンバーが20〜30名までの規模の場合は、社長の指示や意図がそのまま伝わりやすいので指揮系統が統一されます。これが「トップダウン型組織」の功の部分です。

会社の立ち上げ時期である「創業期」や「成長期」は、逆にトップダウンでないと伸びないと思っています。トップダウン型の組織は、社長の正解=会社の正解です。社員全員が社長のやり方にトップダウンで従い、指揮系統が統一された組織になります。これは「創

トップダウン型組織
社長の正解＝会社の正解

全員が**社長のやり方にトップダウン**で従っている、指揮系統の統一された**創業期・成長期**の組織。

メンバー総数が**30名**を超えると問題が多発する。

図3　指示待ち型組織①

属人型組織
部門長の正解＝会社の正解

メンバーが**部門長・幹部のやり方にトップダウン**で従っている、指揮系統がバラバラに行われている成熟期・衰退期の組織。

会社内に社長以外の**トップダウン型組織が2つ以上存在**している状態でトップダウン型組織から自律型組織への移行期にあたる。

属人型組織の状態が長引くと、**社長の求心力**がなくなり、衰退期に入りやすくなる。

図4　指示待ち型組織②

業期」や「成長期」には適した組織なのです。社員数20〜30名くらいまでは、こうしたトップダウン型のほうが、社内のマネージメントはうまくいきます（図3）。

ただし、人数が30名を超え、社長からのトップダウンと部門長からのトップダウンなど、2つ以上の指示が出されるようになると、組織が機能しなくなってしまいます。

特定の人物によって運営されているのが「属人型組

織」ですが、この「属人型組織」は、「成熟期」「衰退期」の企業でよくみられます。社員が社長や部門長、特定の幹部のトップダウンで従っている組織です。この場合、幹部から聞く話と、社長から聞く話が異なることが多くなり、現場の社員は混乱してしまいます（図4）。

社長のトップダウンといっても、「属人型組織」の状態が長引くと、社長自身に全社をまとめる求心力がなくなっていきます。こうした組織では、「社長はああ言っているけどな、俺はこういうやり方なんだよ」と幹部たちが公言します。その結果、社内の意思統一が図れなくなり、「衰退期」を招いてしまうのです。

●YESマンは社長を超えられない

社長に対して「はい、よろこんで！」というだけの人間は、結局、指示待ち型の人間なので、たとえ業務スピードが速かったり、行動力があったりしても、社長がいなかったら何もできません。

コンサルタントの中には、「社長が言うことに対しては0・2秒で行動せよ」「社長が言っていることをいかに正解にするかが幹部の仕事だ」と主張する人もいますが、私はこの考え方には懐疑的です。幹部はつねに、社長の言葉を絶対的に正しいと解釈して、社員に伝えなくてはならない――それが本当に会社のためになるのでしょうか。

「社長の言うことには、必ずYESで答えなければいけない。たとえ、自分が疑問を感じても、社長が言うことは絶対的に正しいと、社員たちに伝えなくてはいけない。たとえ自分が納得できなくても……」

人間には心があります。そんなことを続けていたら、心がどんどんしんどくなっていきます。それよりも、社長と幹部が会社の理念を共有し、会社の発展のために同じ方向を向いて、対等に話し合える環境や組織になっていったほうが、永続的な成長が期待できます。

ただ、なかにはYESマンを好む企業というのも、もちろん存在します。以前、奈良県のジュエリー関係の会社の社長とお会いしたのですが、そこは社員数10名ほどで、「とくに事業を広げる気はない」「この10名の社員で、自分がトップダウンで経営するのが一番いい」とおっしゃっていました。

10名のうち8名がパートさんで、完全に指示待ち状態。それでも、社員さんに話を聞いたら、「言われたことだけやっていれば、お給料ももらえるし。別に不満はありません」

ということでした。

もちろん、そうしたスタイルをよしとする企業もいらっしゃいますし、それはそれでよいと思っています。ただ、私たちのクライアントの多くを占める社員数20~30名で、これから「第二創業期」を迎え、「N字回復」を目指していきたいという企業には、このスタイルはお勧めしません。

現状維持に留まらず企業をさらに発展させ、社員のためにも事業を拡大し、社員の成長のためのステージをつくり続けていきたいと考える経営者の場合は、YESマンをそろえるのではなく、会社の発展のために同じ方向を向き、お互い自由に話し合い、切磋琢磨できる社員を育てていくという組織づくりが必要不可欠なのです。

●社長が社員の本音を聞く場「社内勉強会、食事会、誕生日会」

社員同士、社員と幹部、経営者と幹部が自由に意見を言い合えるような環境づくりの一環として、ソリューションでは「社内勉強会、食事会、誕生日会」を非常に大切にしています。

「社内勉強会」では、社員一人ひとりの現在の立ち位置や状態が一目でわかります。もちろん、私自身が経営者としてみんなに必要なことを教えたい、知識を学んでほしいという想いも半分あるのですが、もう半分は、みんなの状態を社長である私が再確認する場だと考えています。

さらに、社内勉強会に社員が集まることで、自分自身の状況を再確認してほしいという願いもあるのです。ただ、社内勉強会に参加しても、「新しいことを学べてよかった」と思うだけの人と、「自分にはここが足りなかった。だからあのときお客様とうまくいかなかったんだな。じゃあ、次はこうしよう」と考えられる人にわかれます。

学んだことを活かすことに気づく人と気づかない人がいます。自分の状態を把握して掘り下げ、自ら改善策を考えることができるか。私はそうした視点から社内勉強会の様子を観察しています。

社内勉強会の後の「食事会」では、勉強会で2つ3つ伝えた事柄について、「どうだった?」と聞くようにしています。するとここでも、わかったつもりになっている人間と、自分の行動と重ねあわせて理解し、次の行動につなげている人間とにわかれます。

たとえば、「すごく勉強になりました」「お客様に試してみたいと思います」という人は、わかったつもりになっている場合が多いのです。そういう人たちはまだ、映画を観ている感覚だといえるでしょう。初めての知識に触れて、「なるほど、すごい。それやってみよう！」と思っても、実際にやり方がわかっていない。そこで、こういう社員たちには、少し丁寧なフォローを入れていったほうがいいということがわかります。

一方、「あの件に関しては、僕の中ではすごくつらかったです。前に一度失敗しているので、次はこの点を改善して臨みたいです」というような反応をする社員は、勉強会での話を本当の意味で理解し、自分の行動につなげていくことができます。こうした社員は、こちらも安心して見守ることができます。

また、「先月の勉強会ではすごく話が入っていたのに、今月はなんとなく反応がない。何か悩みがあるのだろうか」というような推測もできます。

食事会では、社員の食事中のマナーを確認することもできます。グラスに飲み物が少なくなってきたら注文したり、相手の食事を取り分けたり、使った皿を取り替えてもらったりなどの気遣いができるのは、周りがきちんと見えているという証拠です。

一方、同僚とずっとしゃべっている社員がいた場合、もしかしたら何か心の中に溜まっているものがあって、それをみんなに聞いてもらいたいのかもしれません。ただ、話に夢中になって、周囲への気遣いにまで意識がいっていない場合は、「最低限のマナー」を教えます。お客様との食事の機会も多いので、会食の場で恥ずかしい思いをさせたくないからです。

食事会では何気ない社員たちの言動をよく見聞きするようにしています。経営者にとって、言葉だけでなく、行動や態度でその社員の状態を汲み取る力が非常に重要だと考えているからです。

今の20代の若い社員たちは、食事会でお酒を飲んでも、そうそう本音など話しませんが、行動や態度に表れる気持ちというのは隠しようがないので、そういうところから見極めていかなくてはなりません。

ある社長は「社員と酒を飲むとき、私はお酒を飲まないよ」とおっしゃっていました。「今日は前の仕事があったから車なんだよ」と、自分で運転する車でその店に行くなど、何かしらの理由をつけて、ご自身ではお酒を飲まず、社員の話に耳を傾け、行動や態度を見るようにしているのだそうです。

「誕生日会」も大切にしているイベントの1つです。これは大阪、東京、福岡ごとに行っているのですが、誕生日の社員がいると、社員全員でメッセージカードやメッセージビデオなどをつくってプレゼントと一緒に渡しています。誕生日になると、こうしたプレゼントをもらえるというのが、本人もわかっています。そのため、「いつもらえるのかな」とドキドキしているんです。サプライズ好きな社員が多いので、あえて本人が朝来た瞬間にお祝いしたり、帰り際まで一切そのそぶりは見せず、本人が「あれ、誕生日なんだけどな……」とちょっとソワソワしながら、「お疲れ様でした」と帰ろうとしたところで「おめでとう！」と渡したりしています。

誕生日の社員がいると、なんとなく全員がその人のためのお祝いモードになっていきます。

先日の社員旅行では、誕生日のWという社員がいたので、旅先で誕生日会をやりました。旅行中、Wだけを外した社員のＬＩＮＥグループをつくり、誕生日会をまとめる担当者から「みなさん、今から『Wさん、おめでとう』という動画を20秒くらいで撮ってください。その動画には必ずWさんを入れてください」というミッションが与えられたのです。

近くで動画を撮るとバレてしまうので、ちょっと離れたところで、背後にWの姿が映るようにして、それぞれ動画をつくり、それをつなぎ合わせて贈りました。当社の社員はそういうことをするのが大好きなので、そこでまた一体感が生まれたり、社員同士のコミュニケーションが生まれたりしています。みんなで何かをやるというチームワークも強化されるように感じています。

また、お祝いのメッセージを書いたり、動画を撮ったり、何かサプライズするときには「今、○○さんはどんなことをやっている？　じゃあ、こういうことをメッセージに入れようか」というように、その社員の状況をつかむという意味でも、一役買っているところがあるのです。そうした情報を社員全体で共有できるという機能も、こうした誕生日会にはあると考えています。

当社の創業者であり、現在、関連会社である株式会社ＣＯＮＹ　ＪＡＰＡＮの代表取締役社長を務める小西正行は、誕生月が同じ社員を集めて、毎月1回誕生日を祝う食事会を開いています。そこでは、誕生日を迎えた本人の上司からの手紙をプレゼントしています。その場に上司はいないのですが、「いつもがんばってくれてありがとう」という内容の手紙を人事部長が集め、みんなの前で読みあげるそうです。そうしてみんなで「おめでとう！」と祝うため、そこでも一体感が生まれます。さらに、社長である小西が「そうか。がんばっているんだな」と声をかけたりすると、社員たちはやはり嬉しいようです。

小西の会社は社員数が大阪と東京とあわせて約２５０名なので、社員と社長の距離が少し遠くなっていますが、年1回は社長と一緒に食事をし、なおかつ、そういう手紙を読みあげてもらい、「がんばっているね」と声をかけてもらえることが、社員にとってはモチベーションアップにつながっているようです。

こうした取り組みについて、お客様に「うちの会社ではこんなことをしていますよ」とお伝えすると、「うちでもやってみるよ」と真似してくださる経営者がたくさんいらっしゃいます。社内勉強会、食事会、誕生日会などを通じて、社員一人ひとりの現状を把握したり、コミュニケーションやチームワークを円滑にしたりしてもらえたら、私たちにとっても、こんなに嬉しいことはありません。

●リーダーが社長に「50%の本音」を話せる会社は伸びる！

社内のコミュニケーションを円滑にすることは、「第二創業期」を迎えるにあたっては、とても重要なことです。ただし、なんでもかんでもあけすけに社長と話せばいいというものではありません。

とくに幹部社員が経営者と話す場合には、本音を50%伝えるくらいでいるのがちょうどいいと考えています。

この「50％の本音」には、2つの捉え方があります。

1つ目は、「社長にやみくもに全部言っても意味がない」という考えから、あえて50％しか言わない場合。ここには、「社長にはタイミングを見計らい、思っていることの50％を伝えるくらいでちょうどいい」という考え方です。

2つ目は、「そんな、社長に全部なんて言えません」という気持ちから、50％しか言えない場合。ここには「社長には勇気を振り絞ってなんとか50％の意見を伝えよう」という考えが含まれています。

1つ目の考え方は、きちんと組織のことを理解し、社内の組織を円滑にまわすには、今、何が必要かをわかっている人のやり方です。「この部分について言うのは、今はタイミングが悪いから後にしよう。でも、これは今、伝えておけばうまくまわるはずだから、まずはこれから言ってみよう」ということで、的を射た意見が多いため、経営者もそうした意見には耳を傾けます。ここであまりにも意見しすぎると、経営者のほうも「もういい、わかった」と感情的になってしまうので、そこを見越して50％しか言わないというわけです。

2つ目の考え方は、「そんなこと社長に言ってもいいんですか。私は言えないです。でも、とりあえずここだけはお願いしたい」ということで、３つ言いたいことがあるけれど、勇気を振り絞って、ようやく1つを言えるというケースです。そういう人はたどたどしいけれど、一生懸命なところがありますから、経営者自身も「何が言いたいんだ」ということで、聞く姿勢ができますし、話を聞いたときには「そんなふうに考えてくれていたのか」と嬉しく思い、なんとかそれを実行に移そうとしてくれます。

私たちも経営者をサポートするときは、ありのまま全てを社長に報告するということはしません。タイミングを見ながら、「これは今言うべきこと。これは今、言わなくてもいいこと」という判断をしています。本音を伝えるときにはタイミングを見計らい、50％の本音を伝えるよう心がけるくらいが丁度よいと考えています。

コラム③

優秀な経営者が陥る勘違い〈その1〉
仕組みとルールをつくれば、組織は変わる！

力のある経営者ほどやりがちなのが、社員に効率的に動いてもらおうと、仕組みやルールを設けることです。

たとえば、マニュアルを徹底的につくり込み、その習得度合いを視覚化することで、社員各自に成長を促すという方法があります。たしかに、マニュアル通りに社員が動くことで、仕事が効率化され、一時的に業績が伸びることもあります。

しかし、行き過ぎた仕組みづくりは、社員の自発性を奪います。社員にとっての仕組みというのは、会社がつくった「強制的に走ることを決められたレール」です。「絶対にこの通りにやれ！」という指示として捉えられやすく、社員が自ら考えて動くのを阻害する行為になり得るのです。

第3章

トップダウンでつくられた仕組みやルールが多ければ多いほど、社員は「やらされ感」でいっぱいになり、業務をこなすだけのロボットと化してしまいます。

その状態を放置していると、組織としての団結力がなくなり、景気や会社の状況が少しでも危うくなれば、すぐに辞めてしまう社員ばかりになってしまう危険性もあるのです。

第4章

社員が自然に育つ仕組みづくり

●一人ひとりの社員の強みが何か、答えられますか？

経営者にまずお考えいただきたいのは、「社員一人ひとりの強みを具体的に答えられますか？」ということです。ここには「仕事ができる・できない」だけでなく、どのような性格で、社内ではどのような役割を持っているか、なども含まれます。

私たちが企業の組織コンサルティングをさせていただく際、経営者（もしくは幹部社員）と社員とのコミュニケーションが希薄な場合は、当社で用意させていただく「社員理解シート」を使った宿題を出させていただいています。1人の社員につき10～20項目ほど埋めていく欄があるのですが、最初はだいたいの経営者の方が埋められません。

たとえば、「社員のフルネームを書いてください」とあっても、正式な姓名を漢字で書けない方が意外と多いのです。宿題を出しても20項目中10項目しか埋まらなかった場合は、「1カ月後に同じことをするので、3人の部下の方のこのシートが全部埋まるような関わり合いをしておいてください」と、再度宿題として出します。その際、部下とコミュニケーションを取る中で答えを引き出し、埋めてもらうことがポイントです。

この「社員理解シート」は、項目を埋めることが目的なのではなく、そこに至る過程で社員の方とコミュニケーションを取り、話を広げてもらうことが目的なので、そのときに「必死で埋めました」という方に対しては、「1カ月後までに、今回書いていただいたことをもとに、ご自分と部下の方、もしくは部下同士の共通点を10個探してきてください」とさらに宿題を出します。

ここまでやっていただくと、「部下と自分の間に意外と共通点があるんだな」と、みなさん気づかれます。「実は同じ趣味だった」「実は娘と誕生月が同じだった」「実はあいつもラーメンやカレーが好きで、好きなラーメン屋やカレー屋が一緒だった」など、仕事だけの関わりでは見えなかった相手の一面が見えてきます。そこに共通点を見出すことで、距離が一気に縮まるのです。

この「社員理解シート」は部下の方の項目を埋めるだけでなく、ご自身のシートもきちんと埋めて、それを相手の方に見せてもらっています。相手に聞くだけだと、事情聴取のようになってしまうので、自分のシートを埋めて「実は俺はこうなんだ」と見せながらやっていくと、お互いにだんだんと相手のパーソナルな部分が見えてくるのです。

そうすると面白いもので、意外な発見がたくさん出てきます。「高校時代に野球やってた？　俺もだよ。ポジションはどこだった？　おお、そうか！」などの会話が生まれるだけで、相手との距離が縮まるのを実感していただけるはずです。

お互いの心の距離感が縮まると、関係性も大きく変わってくるので、仕事のしやすさも劇的に変わります。さらに「そうした関係性の心地よさを広げるために、次はどうしたらいいですか？」という質問をすると「もっと、こういう話をしていきたい」という想いがたくさん出始めるのです。

●社員との距離が一気に縮まる「魔法のシート」

「社員理解シート」の一例として、私自身が部下と実際にやっている取り組みをご紹介したいと思います。私は野球が好きなので、学生時代に野球をやっていたという部下がいた場合、「じゃあ、うちのチームの打順を考えようか」と持ちかけることがあります。野球の打順は1～9番までありますが、1番バッターは塁に出ることや走力が求められ、4番はここ一番の場面で長打を出す力が求められるなど、それぞれの役割が異なります。それと同様に組織内の役割についても一緒に考えていき、

「うちの組織で1番バッターは誰だと思う？　俺は□□だと思うけど、○○君はどう思

う？」

「私は△△君だと思います」

「へえ、その理由は？」

「あいつはこういうところがあって、ああいうところもあるからです」

「なるほど。そういう見方もあるのか。俺はこういう考えで、あいつがこういう発言をするところが1番に見合うなと思って」

「ああ、なるほど、そうですね」

というように、話も盛り上がります。サッカーが好きな社員なら、サッカーのポジションでもいいですし、共通項は何でもいいのです。その社員が好きなこと、興味のあることでたとえ話をすると、ものすごく盛り上がりますし、相手も内容を深く理解してくれます。

こうした関係性が出来上がってくると、業務も頼みやすくなり、「この仕事は誰に任せよう？」と悩む必要がなくなります。また、一人ひとりの性格や強みがわかってくるので、適材適所の強い組織をつくれるようになります。

社員の強みを発見することは、会社全体のボトムアップにもつながります。それぞれの役割が明確になり、「この社員には少し上のポジションを与えてみようか」「この新しい取り組みはあいつに任せるのが一番いいな」「もし1人では無理なら、あの社員とペアにしてプロジェクトを組んだらうまくまわるだろう」など、社員全体の配置を経営者が設計することができます。

経営者が現場の仕事にかかわるのではなく、このように現場がうまくまわるような役割や環境を設計します。それを社員に伝えたら、あとは「任せて任さず」（69ページ参照）を実践していくのです。

●仕事のプロセスを「見える化」すると社員の成長も見える

仕事というのは流れているもので、断片的なものではありません。たとえば、組織コンサルティングの仕事は、お客様にヒアリングを行ったら、そこで得た情報を活用し、お客様のご意向に沿った内容で提案書を作成します。それを持って先方へうかがって説明し、契約となれば、その先のスケジュールを決めて……というような流れがあります。

社員には、こうした全体的な仕事の流れを見せたうえで、「あなたには、この部分の仕事をお願いする」と頼むと、意識が高い人間、成長する意欲が高い人間というのは、自分が担当する仕事のみならず、その次の仕事までやってみようとします。たとえば、仕事の流れが1～10段階あったとして、「あなたには1～3の仕事をお願いします。次の4～6はAさんが担当し、7～9はBさんが担当して、10でお客様に提案書を持っていく」と説明します。

本当に3までしかやらない人間に比べたら、「できそうだったので、4までやっておきました」という社員のほうが、成長意欲は高いのです。しかし、3までの仕事しか説明していないと、成長意欲のある人間でも4の仕事に手をつけることができません。

つまり1～3の仕事を任せる場合でも、その次の4～6の仕事を見せれば、「ここまでできました」と、次の段階までやってくれる可能性があります。たとえ至らなくても、自発的にそのようにやってくれたら、経営者としては嬉しい限りです。

私の場合は、「そこまでできたんだ。4～6はこういう風にやったら、もっとうまくいってたよ。まだまだ、甘い！」などと挑発的に指摘することがあるのですが、そうすると言われた本人は「くそっ！」と悔しい思いになる。それが次の仕事へのバネになり、別の機会に「もう少し任せる範囲を広げてみようかな」と思って任せると、今度はちゃんとできているのです。

「今度はしっかりできたな」と言うと、たいていの社員が「ほらみろ」という顔をしてきます。こうしたやり取りから、経営者もその社員の成長をみられますし、本人も成長を実感できるというのが、とても大切だと思っています。

社員の成長を促すには、目の前の仕事だけでなく、その先の仕事も見せてあげなければいけませんし、「こいつは無理だ。できない。ここまでだ」と、こちらがブレーキを踏んでいるがために、その社員の可能性を止めている可能性も大いにあるわけです。ぜひ、仕事の流れと、今やっている仕事の次の仕事についても、社員に示してください。まずは任せた仕事をきちんと仕上げることが一番ですが、それ以上に能力のある社員であれば、先の仕事を見せるだけで、成長しようと伸びてくれるはずです。

その成長を確かなものにしていくために、経営者（もしくは幹部やリーダー）がやるべきことは、仕事で成功した社員の「なぜ、うまくいったのか?」を引き出すことです。「この間、あの先輩がすごかったんですよ」と言う社員がいたら、「何がすごかったの?」「どういうことをして、すごいと感じたの?」などを聞いてみるのです。

実はこれがその社員にとっての「振り返り」となり、1つの体験をさらに深め、自分自身の理解につながっていきます。小さなP—D—C—Aを自分の中でまわすことによって自分の立ち位置が明確になり、そこで自分が理解したこと、わからなかったことなどが解消されていきます。

私たちコンサルタントの仕事において、営業に行く前の事前準備は非常に大切なのですが、それ以上に「帰ってきたときの『振り返り』を大切にしろ」と言っています。そこで「何がよくて、何がダメだったか。何がお客様の心に響いて、何が響かなかったか。では次に、どんなアクションが必要か」を考えることは、自分が準備してきたことの答え合わせにもなります。

この「振り返り」をするのとしないのとでは、社員の成長スピードが大きく異なってきます。それにもかかわらず、「振り返り」を行っていない企業が多いのは残念なことです。

「振り返り」をすると、その営業においての「自分の良かった点と悪かった点」「準備してよかった点、準備したけれど意味がなかった点」などが見えてきます。そこから「なるほど、じゃあ次はどうする？」となれば、その先のアクションが思い描けますし、実際の行動にもつながりやすくなります。

「振り返り」は非常に重要です。ぜひ、多くの企業に、社員の力を引き出すための「振り返り」の時間を取っていただけたらと思っています。

第4章

最初、「振り返り」を提案すると、社員の多くは面倒くさがります。当社の場合も「えー……（そんなことまでやるんですか⁉）」という社員がほとんどでした。ただ、実際に「振り返り」をやり始めると、自分で自分の成長を実感できるようになるので、「えー」と言っていた社員でも、「今ちょっと、『振り返り』の時間をもらってもいいですか？」と言うようになっていきます。ぜひ「振り返り」が社内の習慣として根づくよう、社員を育ててくださいｌ。これが習慣化すれば、社員の力の底上げは、自然とできるようになっていきます。

●「ゆとり社員」「さとり社員」のやる気を最大限に高める方法

みなさんは「ゆとり社員」「ゆとり世代」について、どのようなイメージをお持ちですか？多くの方が、あまりよいイメージを持たれていないかもしれません。でも、実は「ゆとり世代」の社員ほど、マネージメントしやすい世代はないのです。

「ゆとり世代」というと、一般的には１９８７年生まれから１９９５年生まれの社員たちで、ゆとり教育といわれた教育を受けて育ってきました。

「ゆとり世代」やその後に続く「さとり世代」の人たちは、「ゆるい」「根性がない」などの印象が強く、世間的には「ゆとり教育は失敗だった」という認識が高いのですが、実はこの世代では、ものすごく学力が上がっていることがわかっています。

「円周率が3・14から3になったりしたし、本当に学力が上がっているのか？」という見方が多いのですが、これこそが40代以降の私たち世代の、ものの見方なのです。私たちの世代には「暗記が得意な人間はすごい」「物知りな人間は賢い」という認識が浸透しています。そのため、私たちが一般常識として知っていることを「ゆとり世代」以降の人たちは知らないことが多いので、つい「こいつらはダメだ」という発想になってしまうのです。

ところが、暗記というのをほとんどしてこなかった「ゆとり世代」の人たちは、深く物事を考えたり、自分自身を見つめたり、言われたことを確実に実行したりという点において長けています。

彼らは、上の世代から見たら、「ストレスに弱い」「すぐに仕事をやめてしまう」「仕事よりプライベート重視」「自信満々だけど実践に弱い」というイメージが強いのですが、よく考えてみてください。こういう言葉は、40代以降の私たちが新人のときに言われていた言葉でもあるのです。「ゆとり世代」というのは、今ではもう死語となっていますが、昔の言葉でいう「新人類」と同じニュアンスです。

「ゆとり世代」が生まれてきた時代は、バブル崩壊後で社会全体が落ち込んでいる時代でもありました。メディアがこぞって「不景気だ」と言い立てるのを聞いたりしながら育ってきています。阪神・淡路大震災や地下鉄サリン事件など、社会的な出来事があったのも1995年でしたから、外部から入ってくる情報は、圧倒的にマイナスなものが多かったわけです。

そうした背景を考慮しながら、会社としてはマニュアルなど整えるべきものは整えて「社会は面白い」「成長は楽しい」など、彼らにちょっとした安心感や成長実感など、未来に対して期待を持たせてあげると、ものすごく伸びていきます。社会の面白さ、成長の楽しさなどを知らずにきているだけなので、そういうことを教えてあげたら、一気に開眼していきます。

実際には、彼らのパフォーマンス力はとても高く、スピードも速いのです。とくにパソコンや携帯電話などを使った処理速度は、非常にスピーディーです。現在の仕事の業務効率化、IT化で生産性を上げるとなれば、彼らの経験がものすごく活きてくるはずです。こちらから質問すれば、「もっとこうして、こうすれば速いですよ」「こういうアプリを使えば効率的ですよ」という答えがすぐに返ってきます。「え、そんなアプリがあるの?」と驚く私に、涼しい顔で「いつもこれ、使ってやっていますよ」という社員が当社にもたくさんいます。

5年後、10年後を考えたら、そういう社員たちが活躍している組織のほうが、絶対に強くなっているはずです。「彼らの能力をきちんと引き出せる企業ですか?」ということも、これからは同時に問われてきます。彼らの力を上手に伸ばせる会社が伸びていき、旧態依然とした会社は衰退の道をたどることになります。今のうちからそこに気づいているかどうかも、経営者のビジネスセンスにかかっています。

それと同時に、会社として大切にすべき風土や守ってきた良き習慣は、1つずつ丁寧に教えてあげなくてはいけません。彼らがそれを受け入れられるような形にして、伝え続けてあげることが非常に大切になってきます。

さらに「ゆとり世代」の後には「さとり世代」が続きます。2016年度、17年度入社の新卒社員たちから、「さとり世代」に入っています。『さとり世代』は『ゆとり世代』以上にやる気も気力もない」という声が増えています。

彼らは、そもそも「こうなりたい」「これがほしい」「こんなことをしたい」という欲求があまりありません。でも、彼らが育ってきた社会を考えてみれば、そうなって当たり前かもしれません。

何か買いたいと思えば、手ごろな価格の量販店に行き、それなりにお洒落な服を安く買えますし、インターネットで探せば、なんとなくいい感じのものが見つかり、クリック1つで配送してもらえる。たくさんの物や情報が氾濫しすぎていて、なんとなくほしいと思ったもの、なんとなくいいもの、なんとなくおいしいもの……ばかりを選んでいるうちに、「どうしてもこれをしたい！」「どうしてもこれを食べたい！」「どうしてもこういうデートをしたい！」などの想いが、実に希薄になっているように感じます。

では、これからの経営者は、「ゆとり世代」「さとり世代」の社員たちと、どのようにコミュニケーションを図っていけばよいのでしょうか。

まず1つは、成功体験を積極的につくるサポートをしていくこと。彼らの多くは自信がないので、石橋を叩きまくってから渡る社員が多いのです。ただ、それだとうまくいくものもうまくいきません。そもそも、うまくいくかどうかなんて、やる前には誰にもわからないのですから。

そこで経営者（もしくは幹部やリーダー）が、「答えはこうだ」と、まずは答えを与えます。すると不思議なもので、たとえそれが100%確実な答えではないとしても、自信を持って彼らはやり出すのです。成功率50%だとしたら、「大丈夫、100%うまくいくから」とやらせてみます。それでうまくいくときもあれば、失敗することもある。失敗した場合は、「ダメだった。俺のミスだ」と言います。本人は自分のせいにならずに安心するのです。もちろん、うまくいけばその社員の手柄にします。

最初はそのようにして、自信を持たせていきます。「まずはこれをこうやってください」と伝えて、成功体験を積ませる。そうすれば、みんな真面目ですし、失敗したくないので、きちんとやってくれます。それを繰り返し行うことで、自信をつけさせていくのです。ここで自信がつけば、もともと頭の良い人たちなので、そこからは自分で考えたり、工夫したりして取り組めるようになっていきます。

人を育てるうえでの要諦は「褒めて伸ばして自信をつける」ところにあります。これはいつの時代も変わらない部分ではありますが、とくに「ゆとり世代」「さとり世代」の社員との関わり方においては、こちらがシフトチェンジしていかないと、うまくコミュニケーションを取ることができません。

仕事のプロセスを見せながら「まずはここからここまでできるようになってほしい。半

第4章

年以内には、さらに先のここまではいけるようになってほしい」と伝え、そのうえで毎月のゴール設定をきちんと決めてともに確認し、小さな成功体験をたくさん積み上げることが重要なのです。

この世代の社員たちと話をしていると、「わかりません」という言葉がよく出てきます。自社の社員と話していて気づいたのですが、これは本当にわからないという意味ではなく、「言いたくありません」と同義語でもあります。自分が言いたくないことを聞かれると、無意識のうちにわからないふりをするのです。そのため、若い社員たちと話すときには『わかりません』は禁止な！」と言って話を進めていくと、自分の頭で考えるようになります。

●若手社員の成長に必要な3つのキーワード「挑戦・失敗・応援」

私は「挑戦＝結果を出す」という考え方です。「結果を出せ」という言葉は、当社の社員にもよく言っています。ただ、これは「数字を出せ」「良い結果を持ってこい」という意味ではなく、「自分がやっていることの結果が○か×かを、きちんと出してほしい」という意味なのです。結果が○であれば、そのやり方が正しかったという証拠になりますし、

×だったなら、それを失敗として捉えずに、またすぐ次のアクションを起こしていけば必ず成功に近づきます。結果を出さずにぐずぐずしているほうが、よほど失敗に近いのです。お客様とお話ししていても、「あいつはがんばっているんですよ。いろいろ考えていて」という言葉をよく聞きます。

「どのくらい考えているのですか?」

「失敗しないようにめちゃくちゃ考えているんですよね」

「何カ月くらい考えているんですか?」

「もう2カ月くらいかな」

「……それって、何もやっていないってこと?」

いつまでも結果を出さないことのほうが失敗により近く、その人の成長を止めてしまっています。

仕事には、「失敗」はつきものです。失敗を避けるよりも、失敗したことをいかにスピーディーに改善させていくかがポイントです。そして、改善のためにサポートすることが「応援」なのです。

仕事上で成功するも失敗するも、その人が行動しているという現れなので、実は両方O

Kなのです。あきらめや無力感から何もやらないということが、一番の失敗です。

数値的に考えてみると、何か行動を起こした際の失敗と成功の確率は50：50。そこで失敗して、「もういいや」と次に進むのをやめてしまう社員もいますが、なるべく早く次のアクションを取らせたら、次の失敗確率は50の半分、つまり25：25になります。もしそこでも「しまった」となったら、25の半分ということで、次の失敗確率は12・5：12・5になる。失敗しても、またすぐ次のアクションを取らせてあげれば、次の失敗確率は6・25：6・25です。失敗からのアクションを3回繰り返したら、成功率は90％以上になっているということになります。

若手社員の失敗が「本当の失敗」になってしまうか「成功へのステップ」となるかは、経営者や上司の関わり方次第です。まずは「振り返り」を行いながら、たとえ失敗したとしても、そのあと3回は次のアクションが取れるように「応援」してください。そうすれば、間違いなく成功するようになります。

ここで大事なのは、失敗を失敗と思わせないこと。次のリアクションについて、すぐに一緒に考えてあげることが大切です。

「じゃあ、次はこのやり方でいこうか。ここはどうやろ？」

「お客様はこうおっしゃっていました」

「ということは、こういうことかな」

「そうですね！」

などのコミュニケーションを通じて、最初の一歩が出やすくなるよう、実際のやり方を少し教えてあげることも大切です。そのように「応援」しながら、最終的には一段上がらせてあげて、一緒に「振り返り」をします。

「結局、1回目で成功した人に比べて、4回うまくいかなくて4回アイデアを出した。だから、ものすごく深みがあるんだよ、この成功には」

「ということは、次やったときは最短距離でそこまでいけるということなんだよ」

というように、本人が体験したことを肯定してください。このようにして、いろいろな体験を積ませてあげることが大切なのです。「失敗は成功のもと」「失敗する人のほうが伸びる」といわれるのは、そういうことなのではないかと思っています。

●なぜあの社長は社員の辞表を絶対に受け取らないのか？

私たちがその工務店の社長と出会ったときは、社員が4人しかいませんでした。もともと大工出身で、「人を増やしたい」という想いはあるものの、それがなかなかうまくいかないということで、私たちとの付き合いが始まりました。

2013年から新卒採用を始める体制を整え、毎年それを行った結果、今では従業員総勢50名ほどになり、その間の新入社員は、だれ1人辞めていません。

ある日「社長、なんで新卒社員たちは辞めないんですか？」と尋ねたところ、「俺が辞表を受け取らないから」という衝撃の一言が！

これまで中途採用の社員は何人か辞めていたのですが、新卒は誰も辞めていません。そこに社長のこだわりがありました。「辞める」と言ってきた場合は、たいていが今の仕事に行き詰まっているとき。それならば、違うポジションの仕事をさせたら、その可能性が輝くこともある。そこで、「辞めたいんです」と言われたら「ごめん、ごめん。そこのポジションが合っていなかったんだな。じゃあ、次のポジションを増やすから、そっちでがんばってみてよ」と、その社員の役割をどんどん変えていっていたというのです。

その一方で、会社の仕組みはチーム制にし、すべての役割を分担させる形で仕事をさせています。そのため、Aチームが無理だったら今度はBチーム、そこがダメならCチームへ。営業が無理だったら、管理にまわすこともでき、その結果「ずっとポジションチェンジをしていくから、人が辞めてないんだよ」。そうやっているうちに、本人の強みを発揮できる場所に出合えるから、という考えを持っていました。

そうした環境で働いている新卒社員たちは、説明会などにやってきた学生たちに向けて「自分に合った仕事というのは、長年やってみないと見つからないよ」というアプローチができます。「仕事が合わなかったらすぐに会社を辞めてしまうのではなく、社内でポジションを変えてもらえる。うちの会社はそのくらい寛容な会社なんだよ」と。そんな風に先輩社員が言っていたら、学生たちにとっては、安心して入社できる会社です。

新卒社員たちはまだまだ視野が狭いので、「与えられた仕事ができない。会社を辞めなければ」と思ってしまいがちです。でも、入社前からそうしたアナウンスを聞いて、先輩たちから「私たちの中でも配属された部署が合わなくて違う部署に移り、今では活躍している人がいるんだよ」などと聞くと安心できますし、自分が配属された部署でまずは一生懸命取り組んでみようという意欲も湧いてきます。

第4章

また、1つ上の先輩がいることで安心したり、「俺も入ってすぐはこんな思いやったぞ。わかるよ」と声をかけてもらって励まされたりします。こうしたよい循環が新卒採用の場でまわっていました。

ただ、よい循環をまわすため、新卒採用の3年目までは社長が思い切り新卒社員たちに関わってくださいとお伝えしています。新卒3年目の社員がそろった頃になると、だんだん社長自身の新卒採用のモチベーションが下がってしまう企業が多いからです。

ここには、新卒採用ならではの理由があります。1年目の採用活動を始めて、目の前にいる人たちが入社する前に、もう2年目の採用活動がスタートしています。1年目の新卒採用者が入社する頃には、2年目の内定者が出ているわけです。そして、新卒採用活動が3年目になると、だいたい1年目の社員たちは入社したけれど、そんなにすぐに育つわけではないので、まだ仕事がそこまでできるほどにはなっていない。そのあたりから、3年目は「新卒採用、やめたほうがええかもな……」となってしまうのです（図5）。

そこで、すでに入社している新卒社員たちが「辞めたい」と言い出したりすると、社長自身もパワーダウンしてしまい、それまで以上に関わろうとしなくなったりして、うまくいかなくなるケースが多いのです。

新卒採用

1年目	2年目	3年目
1年目の新卒社員内定 ▶	1年目の新卒社員入社 ▶	3年目の新卒採用に関われる
	2年目の新卒社員内定 ▶	2年目の新卒社員入社 ▶
		3年目の新卒社員内定（入社3年目の先輩からアドバイスが聞ける）

図5　新卒採用の流れ

そのため、私たちは担当する企業が新卒採用を始める際には、「1年目の新入社員は誰1人、絶対に辞めさせたらダメです」とお伝えしています。そうでないと、2年目に入ってくる新卒社員たちが疑心を持って入社してくるので、新卒採用のサイクルがうまくまわらなくなってしまうからです。

逆に、3年目まで社長が新卒社員たちにしっかりと関わっていけば、この新卒社員の循環は必ずうまくまわるようになります。新卒入社で3年目に当たる社員たちが、1年目の社員たちに対して、「自分がこんなふうになったとき、社長が救ってくれたんだよ」などと、伝え始めてくれるからです。そのためにも、3年目までは徹底して社長が関わり、新卒社員たちを育てていくという姿勢がどうしても必要になってくるのです。

●一番輝いている社員がもっと輝く瞬間

社員がイキイキと働くには、社内における称賛の場というのが非常に重要だと考えています。そこで当社では、毎月1回、全社員が参加して行う会議の中で、「SOLISM（ソリズム）」を行っています。これは社内投票で営業部門、支援部門、マーケティング部門の3部門からそれぞれ選ばれた社員が、「お客様とのエピソード」「お客様が変わった様子」などを語る成果発表の場です。

ちなみに名前は「Solution × Ism（ソリューション×イズム）」に由来します。株式会社ソリューションが大切にしている「イズム・らしさ」を伝え続けたいという想いから、このような造語が生まれました。

なぜ、このような場を設けたかというと「会社の本来の経営目的に基づいた成果を出している社員を全社員で称えたい」という想いからです。

会社には「結果」と「成果」があります。「結果」というのは、売上をどれだけ達成した、前月比何％アップしたという「数字」です。一方の「成果」は顧客満足だったり、自分たちの会社の経営目的や経営理念に基づいた働きだったり、なんのためにこの事業をしているかにクローズアップしたりした部分です。

たとえば、「お客様に喜んでいただくため」「お客様に最高のサービスを提供するため」というのが本来の経営目的であり、そこを目指した仕事をしたことで、地域の人たちに喜んでもらえたり、お客様が感動してくださったり、しあわせを感じてくれたりした。その結果、売上が1億円を突破した、などというように、「成果」を出している企業は自然と高い「結果」も出しています。

そう考えるならば、本来の経営目的に基づいた「成果」を出している人が、本当は会社の中でも一番輝いていなくてはいけません。この部分をクローズアップして設けた表彰制度が、「ソリズム」なのです。

社員たちの「仕事のやりがい」「働きがい」「入社動機」というのは、数字ではなく、ここから生まれています。その原点に基づいた仕事で表彰されることで、ほかの社員たちもそこに注力したり、集中したりできる環境をつくることができます。

そこで、当社では月に1回、ＡＫＢ48の総選挙のような形で、「この1カ月で、自分が一番○○さんの仕事に興味を持った。お客様とどういう関わりをしているのか話を聞きたい」と思った人間に、社員みんなで投票するのです。

選ばれた人間は、月に1度、大阪・東京・福岡の社員が全員集まる会議の場で、約20分間、自分とお客様の関わりなどを話します。「会社の理念や目的」「私たちがお客様と接する際にこだわっていること」は何なのか。それを発表するというルールだけ設け、あとは自由に「自分はどの項目にこだわったのか」「どのようにやりとりをしたのか」を語ってもらいます。

数字ではなく、「仕事のやりがい」という部分を評価しているので、選ばれた人間も嬉しいですし、自分がお客様のことを発表できる喜びも得ることができます。それを聞いている人間にとっては、顧客情報の共有にもなり、全国の仲間同士で「お客様に対してそんな仕事をしていたんだ」「そういう細かい関わり方をしていたのか。だからあのお客様にそういう変化が起きたのか」というように、たくさんのヒントに満ちた勉強の場になるのです。

誰が発表するかは当日までわからないのですが、「今月は誰が発表するんだろう？」というドキドキ感もみんなで楽しんでいます。先日も新入社員が1人、お客様と契約してきたのですが、「今月のソリズム、○○君かもしれないな」「俺、○○君に投票するから、これまでのプロセスとかみんなの前で発表しなよ」などのコミュニケーションが自然と生まれ、社内の共通言語として根づいているのを感じました。

毎月の「ソリズム」にはクライアントのお客様も参加することができます。社員たちの話を聞いていただくことで、「そんな想いで私たちと接してくれているのか」「自分たちもそういう関わり方をしてもらえるのか」などの期待や安心感をお持ちいただくことが多いようです。

●もっとも大きな「未来投資」は新卒採用

新卒採用というのは、会社の未来への投資です。そこには経営者や幹部が関わってきますが、仕事の現場で一番関わるのは、一緒に働く社員たちです。そこで、私たちは社員が中心となって、新卒採用に関わることをご提案しています。

大体3年目あたりから辞める社員が増え始めます。1年目で辞める理由としては、会社とのミスマッチなどがありますが、3～4年目で辞める場合は「未来が不安」で辞めていくのです。「このままこの仕事をやっていても、給料も上がらない」と思ったり、隣の芝生が青く見えたりして、会社に対するロイヤリティが下がっている状態に陥りやすいので

第4章

す。

こうしたことを防ぐために、私たちは「新卒3～4年目の社員を中心にプロジェクト型で新卒採用活動をしましょう」「プロジェクトを組んで、未来の自分の部下を探しに行きましょう」と提案しています。現場で会社の未来を創るのは、新卒社員、その新卒たちを育成していく3～4年目の社員たちだと考えているからです。

実は、この裏目的は、新人と3～4年目の社員双方への「社内育成」です。3～4年目の社員たちというのは、仕事の内容やお客様とのやり取りを聞いていくと、それぞれに体験を積んで活躍しています。

その一方で、「この会社に入りたい！」と思った原点、入社動機として思っていたことなどが記憶の中で薄れがちです。そこで、「新しく入る人たちにどういうことを伝えたら、御社の魅力が伝わると思いますか？」などと質問し、自分が入社した当初の原点を思い出してもらいます。そこから、「実は僕、こういう気持ちで入社してきて」などと、それぞれに語ってもらいます。すると、3～4年目の社員たちの間に「共通点」が生まれたり、自分たちがこの会社に「貢献できることは何か」を考え始めたりします。

さらに「そういう気持ちで今の学生さんたちに御社のことを伝えたら、きっと心に響きますよね」という話をして、ディスカッションしてもらいます。その結果、「このことは伝えたほうがいい」「○○さんが言っていた話、すごくよかったよね」など、新卒採用の活動に向けた彼らの意思統一を図ることができます。

そこまでできたら、今度は「どんな人が入ってきたらいいですか？」と聞いていきます。求める人物像を自分たちで決めることによって、「どんな人に新卒で入ってもらいたいか」が明確になります。その中で「3～4年目でこういう人間になってくれれば一番いい」ということもイメージしてもらうのですが、そこでは「じゃあ、自分は今そのようになれているのか」と、イメージする人物像と現在の自分自身を比較してもらいます。すると、「ここはできているけれど、ここはまだ足りない」など、自分にとって本当に足りない部分がみえるようになっていきます。

こうしたやり取りのあと、「学生の前であなたの仕事と、これから求めたい人物を語ってください」と10分間のプレゼンをしてもらいます。これを繰り返してもらっていると、学生の前で行うプレゼンが、自分に対するプレゼンに変わっていきます。そのうちに、だんだんと会社に対する想いが強くなり、「会社は未来に対してこう思っているから、こういう人材を求めているのです」という話は、自分で自分のことを語っているのと同じことになっていくのです。

会社説明会の最後に学生たちからアンケートをとるのですが、そこに「一番輝いていた社員は誰ですか?」という質問も交えています。そうすることで、「学生の△△さんは、今日、説明してくれた○○さんに憧れて入社したいとか書いていますよ」というフィードバックを社員たちにできるからです。

そこから、「△△さんにうちの会社の内定を出すには、○○さんの力が必要だから、△△さんのメンターになってあげてね」などと伝えます。実際に、△△さんの来社時には、「○○さん、△△さんが今日は面接に来るから、10分間対応して」とお願いします。そういうことをプロジェクトとして仕かけていくと、入社3~4年目の社員たちの中で下がりかけていた会社に対するロイヤリティが自然と上がっていきます。さらに、自発的に育成やマネージメントにも興味を持ち始めます。

人間には本能的によいところを見せたいという心理があるので、△△さんが「○○さんと一緒に働きたいです!」なんて言ってくれたら、もうパチッとスイッチが入り、「あいつ、かわいいな。あいつを育てていきたい」と思うようになっていくのです。

「△△さんが○○さんの部下になるのなら、○○さんはもう少し、この部分をがんばらないといけないですよね」

「今、後輩にちゃんと教えられるようになっておかないと、部下には教えられませんよね」

「△△さんが『○○さんの部下になりたい！』と熱く言っていますね。そのためにも、絶対に成長しましょうよ」

このような会話をしていくうちに、間違いなく本人にもやる気スイッチが入ります。

ただ、この新卒採用方法は、採用人数が5〜6名の企業までしか通用しないのです。5〜6名の新卒採用というと、業種業態にもよりますが、だいたい30〜60名規模の企業でしょう。そうした企業で行う場合には、非常にマッチングしているという手ごたえを感じています。これが10名以上の新卒を採用する企業では、新卒社員を現場のプロジェクトにしっかり巻き込むことは難しいため、この方式が適用できないこともあります。

新卒採用が「未来投資」であるというのは、もちろん「お金」の投資という意味もありますが、「人材育成」における投資、先輩が後輩に教えるという「社内風土」を築くための投資の意味があります。売上、社員数ともある程度の規模の会社となり、「第二創業期」を目指す企業の場合、新卒採用をすることで、会社組織を固め、プロジェクトという流れの中で、社員たちの力を伸ばしていくことができます。

第4章

●社員自らが動く環境づくりは「与える」と「決めさせる」

会社というのは、「ルールがあります。これをやりなさい」と、仕事のルールややり方を「与える」という考え方もあると思います。ただ、社員が自発的に動く環境をつくる場合の「与える」は、「社員自ら動くチャンス」を与えることが重要です。

私の口ぐせは「何をやりたいの？」「どうしたいの？」です。もちろん、本人に聞くだけではなく、「私はこうしたい。○○さんはどうしたいの？」と、私自身の意見も伝えています。「長友さんがそうしたいなら、そのようにやります」とならないために、必ず「○○さんはどうしたい？」と聞くようにしています。

結局、納得しないと人は動きません。「自分はどうしていきたいのか？」と考える環境をできるだけ社員に与えることで、社員が自ら考え行動するチャンスを与えるようにしているのです。

「与える」のあとは、本人に「決めさせる」ことが大切です。「じゃあ、何ができるの？」「何をしたいの？」と問いを投げかけ、「こういうことをやりたいです」という意見が出たら、「じゃあ、そうするためにはどうしたらいい？」ということで、次の行動を社員に決めさせる。自分で決めなければ、責任を持たないですし、自分で決めるからこそ「本当にやりたい！」という想いが生まれてくるからです。

「本当にやりたい！」となれば、もう一押し。その行動を取るための第一歩まで、きちんと示してあげることが大切なのです。

コンサルティングの現場でよく見かけるのは、やることが決まっても「よし、がんばれ！」で終わってしまう企業が多いのですが、それだとなかなか社員も動きません。

自分で行動を決めさせたら、「ファーストステップをこの日に始めよう」と、行動の内容と日付も必ず決めるのです。そこで決めたことは、経営者（もしくは幹部やリーダー）と社員との約束になります。それを果たしているかどうか見届けることで、自然と「任せて任さず」（69ページ参照）の形になっていきます。

たとえば、社員に読んでほしい本があるとしましょう。その場合、「3日後に絶対に第1章を読んでおく」とお互いに決めるのです。「OK。3日以内に第1章を読むんだな。読んだら、感想を聞かせてね」という具合に。さらに、その約束の前日くらいに「読んだ？」と連絡を入れて、行動を促していきます。マネージメントする側がどれだけ部下との約束をつくり、それを「守れるようにサポートするか」ということも非常に大切なことなのです。

実は、企業にインタビューをする際、社員から一番よく出る不満の声というのが「うちの上司は言ったことを守らない」なのです。「僕たちには『約束は守れ』と言って、指示や指摘をしてくるのですが、その上司が一番、約束を守っていないんですよ」と。上司側は自分が言ったことを忘れてしまったりして、約束を果たしていない。それを部下たちは見ているので、信頼関係が欠如する大きな理由にもなっています。

マネージメントというのは、社員との約束を絶対に実現すること。その上で社員に次に何をするかを決めさせて、そのための行動内容と日付を約束し、確実にそれを実行できるように促していくことが必要です。

基本的に、人には承認欲求があり、褒められれば誰もがうれしいわけです。そこで、社員に対しても、経営者が彼らに「期待していること」を伝え、気分よく仕事ができるようになれば、その社員の力はさらに引き出されていくはずです。

そのために、図に乗ったら鼻っ柱をへし折る必要がありますが、基本的には、「期待」を伝えて、気分を上げてあげるくらいの気持ちでいるのがちょうどいいのです。まだ少し力が足りないとしても、「あなたなら、できる！」「ここがあなたの強みだよ。俺はここまで期待しているし、ここまでできたら、ほんとすごいよな」など、経営者からの期待やその社員に対する想いを伝え続けていくことが非常に重要です。

ただし、注意したいのは、とうてい無理なことを「あなたはできる、できる」と言い続けるのは洗脳になりますし、相手にとってはプレッシャーでしかなくなってしまいます。そこまでではなく、背伸びしたら届くくらいのことを設定することが大事です。

気をつけたいのがその伝え方です。相手の目を見て真剣に「あなたはできる」と伝えるより、少しリラックスした雰囲気で「これやったら絶対にいけるよな」「これをやったらお客様、喜んでくださるよな」など、一緒になってちょっと先を思い描けるようなイメージを持たせてあげることが、大切なポイントです。

私自身、実際に仕事は舞台だと思っています。監督や脚本家などを務める社長や幹部がいて、お客様に対して演じてみせる社員がいる。彼らに台本通りの演技をやらせるか、ある程度のアドリブをつけて、各自の個性や強みが生きる演技をさせていくか。そのどちらにするかは、経営者次第です。

それでも、完璧な台本通りの舞台よりも、その一人ひとりのちょっとした個性が垣間見えるアドリブありのほうがよいのではないでしょうか。予想外の動きをすることに、お客様も驚きや喜びを感じられるのではないのでしょうか。仕事をそういう楽しい舞台にしていくためには、経営者がどれだけ社員に期待を寄せているかを伝えること、また、彼らの行動に対して「それでＯＫだよ」という想いを伝え続けていくことが必要だと考えています。

コラム④

新卒採用に取り組み、8事業所から20事業所の店舗展開に成功！

株式会社Ｉは東京を拠点とする介護福祉サービスの会社です。２００７年に出会った当初は、離職率40％を超える危機的状況にあり、経営陣は今後の方向性に悩んでいました。

その後、2年の歳月をかけ、理念を社内に浸透させた結果、離職率は10％にまで低下。さらなる事業展開を考えた際、介護業界では異例の「新卒採用」に乗り出し、

2009年より「新卒採用プロジェクト」を3年間導入し、次のように大きな発展を遂げました。

【新卒採用プロジェクト開始前】（2009年）

①従業員数70名。8事業所を構え、売上2・2億円
②評価基準がなく、業務スキルを重視する社風が続いていた
③即戦力を期待し、経験者を採用するが「採用しては数年で辞める」の繰り返し
④目的・目標に対する社員の意識や意欲が低下
⑤各自が自分の業務に集中し、「後輩を育てる」社内文化が育っていなかった
⑥現場の情報が経営陣に届かず、対応が後手になりがちだった

【新卒採用プロジェクト開始後】（2018年）

①従業員数207名。20事業所を構え、売上6・6億円
②評価制度を導入し、理念に基づいた評価基準が存在している
③店舗責任者の約5割が新卒社員で構成されている

④「後輩を育てる」という社内文化が新卒社員を中心に根づいている
⑤現場の最新情報がつねに経営陣に上がり、即時対応・先読み対応ができている
⑥「東京都経営革新優秀賞」を受賞

【新卒採用を成功させるポイント】

「初めて新卒採用をする場合、怖くて当然です。ただ、それよりも〝先を見ること〟が大事なのです」というK社長。9年間にわたる新卒採用を振り返り、一番重要なのは「責任感を持ってやり続ける存在がいること」だと言います。

「課題や問題が見えたら、なんとしても解決する。新卒社員を辞めさせず、成長させたいと思うからこそ、こちらが変わるしかないと決めて動く。これが新卒採用を成功させるたった1つのポイントだと思っています」

K社長は、「新卒採用」成功の秘訣をこう語ってくれました。

第5章

最強の組織が育つ環境づくり

●会社の現状が丸わかりになる「強み発見診断」

「現場の声を聞くのが怖い」

当社と契約される経営者は、決まってこう言われます。

私たちにとってお客様への組織コンサルティングのファーストステップが、社員の声を聞く「強み発見診断」になります。具体的には、個人特性分析「ＣＵＢＩＣ」を全社員に受けていただき、客観的に組織を分析させていただきます。

この客観的なデータに加え、社員にインタビューします。なぜ社員へのインタビューを行うかというと、経営者と社員では「うちの組織はこうだ」と考えている視点が全く違うからです。

組織変革というのは、現場の社員に変化が起きないと意味がありません。社員の声を聞く目的は、「組織変革を成功させるには、何が必要か」を把握するためです。

社員へのインタビューでは、各自の強み、会社の強み、お客様に選ばれている理由などを聞き出しますが、本質的には現場の社員の「現状やレベル感」「会社に対するロイヤリティ」「経営者と幹部に意見の相違がある、属人的な組織になっていないか」などを確認しています。これによって、組織の問題や課題が見えてきます。

社長が思っている問題や課題とイコールの場合もありますが、全く違う場合もあります。現状把握の報告書を目にすると、多くの経営者の感情は非常に揺れ動きます。経営者は、非常に緊張され、多くの方が冒頭の「現場の声を聞くのが怖い」という言葉を口にします。

社員インタビューは、とくに目新しいことではありません。税理士や社労士といった士業の方々も、社員インタビューを行うことが多いのです。しかし、士業の方のインタビューは基本的に、「会社の問題はなんだと思いますか？」「あなたの今の悩みはどんなことですか？」など、ストレートに全部を聞きすぎるところがあります。

私たちの場合は、「組織変革」に軸を置いてインタビューします。インタビューは1日で最大5名のキーマンとなる社員に行います。1人当たり60〜90分の時間をかけ、お話をうかがう人数によっては2日かけることもあります。

●社員インタビューから会社の「課題」を探る

実際のインタビューでは、次のようなことを聞きます。

第5章

・御社がお客様から選ばれている理由
・社員のみなさんの入社動機
・入社時の想いと、実際に仕事をしてからの現在の想いとの間にギャップはあるか
・お客様との印象的なエピソードについて

こうした内容の答えから、会社の強みがものすごくよく見えてきます。そこで出た内容の共通点をまとめていくと、その企業が伸ばしていかなくてはいけないポイントが見えてくるのです。

「では、会社をさらによくするためには、あなたはどんなことができますか？」
「会社をよくするために、あなたはどんなことをしていけばよいと思っていますか？」
これがソリューションのキーフレーズでもありますが、多くの企業の課題発見のために重要な質問なのです。

「みんなはこういう会社にしたいと思っている。でもここが足りていない」と、プラスの未来をつくるために必要な部分が明確になるのです。

さらに「未来に向けて会社をさらによくするためには？」ということで、理想の会社を思い描いてもらい、そのために足りていない部分を教えてもらうのです。すると、「私は

こんなことをやっていきたい。でも社長がこう言っているので……」という声もたくさん出てきます。

それに対して、

「それ、やったらいいじゃないですか。絶対に会社はよくなりますよ」

「いや、でも……」

「○○さん、本当にやりたいんですか？」

「やりたいですよ！」

「それでしたら、社長がこの組織を変えていくと決断されたときに、○○さん、協力してもらえますか？　私はその意見をきちんと組織に落とし込めるようにかかわるので、そういう機会を社長がつくってくれたら、協力してもらえますか？」

と言うと、ほとんどの方がＹＥＳと答えてくださいます。このように、組織を変えていくという気持ちが社員の中から出てくるので、それを私たちは提案書に入れていくのです。

こうした「強み発見診断」は、会社の「第二創業期」を目指し、「Ｎ字回復」を実現させたいと考えている経営者から、大きな支持をいただいています。

●1泊2日で100万円。「すごい合宿」の中身

私たちの仕事の中で、もっともお客様から評価していただいているのが「理念構築合宿」です。他社にはないコンテンツであり、私たちの一番の強みのサービスです。

1泊2日の合宿で費用は約100万円。これまで受けられた社長の感想は、100%「参加して良かった」。そしてみなさん、必ず結果を出しています。

いったいどんな合宿かというと、社長の人生の振り返りと深掘りをするものです。社長がこの世に生まれてから今までの人生のすべてを掘り下げていきます。最初に目的や目指す成果などについて説明したあとは、事前に振り返っていただいたこれまでの人生について、研修会場の壁一面にあるホワイトボードに書き込んでいきます。

すると、みなさん「小学校時代はこうだったかな」「もう忘れていて、思い出せない」などとおっしゃるので、こちらから質問していきます。人というのは聞くより話すほうが得意なので、質問されることで人生の振り返りを自分自身で深掘りしていくようになるからです。

ここからが社長と私たちの一対一の勝負です。

「社長、お父さんの名前はなんですか?」「お母さんは何歳ですか?」「ご兄弟は?」などからスタートし、「お父さんはどんな人ですか?」「お仕事はどんなことをされていますか?」「子ども時代、お父さんの印象はどうでした?」「お母さんはどんな感じでしたか?」「お姉さんは?」「弟は?」など、まずはすべての家族構成と関係性を聞き出します。

そこから「では、社長の幼稚園・保育園時代を思い出してみましょうか」というと「忘れてるよ」と大半の方がおっしゃいます。しかし、「幼稚園の名前、覚えていますか?」と聞くと、ほとんどの方が「○○幼稚園だったかな」と覚えていて、そこから少しずつ思い出していきます。「何クラスありました?」「2クラスくらいかな」「通園はバスでしたか?送り迎えがありましたか?」「自転車で送っていってもらっていたかな」など、だんだんと当時の記憶がよみがえってきます。

「社長、そのとき、どんな子でした?」「先生にはどんなふうに言われていました?」と話を進めると「かけっこが速い子どもだったかな」などと、答えがスムーズになっていきます。そこから「どんな性格のお子さんでしたか?」「先生の名前は?」「遠足とか、どこに行ったか覚えていますか?」などと、話を掘り進めていくのです。

昔の写真なども事前にできるだけ持ってきてもらうので、それを見るとかなりの確率で思い出されます。

「これはあそこに行ったときの写真かな」

「そのとき、社長には好きな子とかいましたか？」

「○○ちゃんという子が好きだったな」

「幼稚園時代、やんちゃしたこととか、覚えていますか？」

「そういえば、滑り台から落ちて、頭を縫ったかな」

「そういうことを覚えているんですね。幼稚園時代の社長はわんぱくで、運動神経もよくて、でもちょっとおっちょこちょいでケガをしちゃったんですね」

「まあ、そうだね（笑）」

さらに、「その頃は、お父さんやお母さんにどんな愛情を受けましたか？」「ご兄弟との関係はいかがでしたか？」なども聞き出して、それをすべてホワイトボードに書き出していきます。これを「次は、小学校いきますね」というように、中学校、高校、大学と続けていくのですが、だいたい、小学校や中学校という1タームに約2時間かけて、話を深掘りしていきます。

それと同時に、モチベーショングラフというものも書き込み、人生に対する社長のやる気が落ちたり上がったりしているのがわかるようにしていきます。「ここでなぜ、落ちたのでしょうか？」「なぜ、ここで上がったんですか？」と確認しながら、「スポーツは何をやっていましたか？」「習い事は？」「習い事の先生はどうでしたか？」と、ばんばん質問を投げかけていきます。すると、過去の出来事で点と点だったものが、だんだんと線でつながり始めます。「社長、この高校時代で人生に対するモチベーションが下がったときにした決断と、中学校1年生で下がったときって、同じような感情が出ていますね」「ということは、社長の気持ちが下がる瞬間というのは、こういう感情が子どもの頃にあって、今もそのときとつながっていそうですよね」などというように。

議事録も1回の合宿で約30ページとなり、社長が話したことの一言一句逃さないようにして、ポイントとなる部分はすべて控えています。

このように、社長の人生をすべて聞かせていただいて、質問したり、社長にも考えてもらったりしていくと、

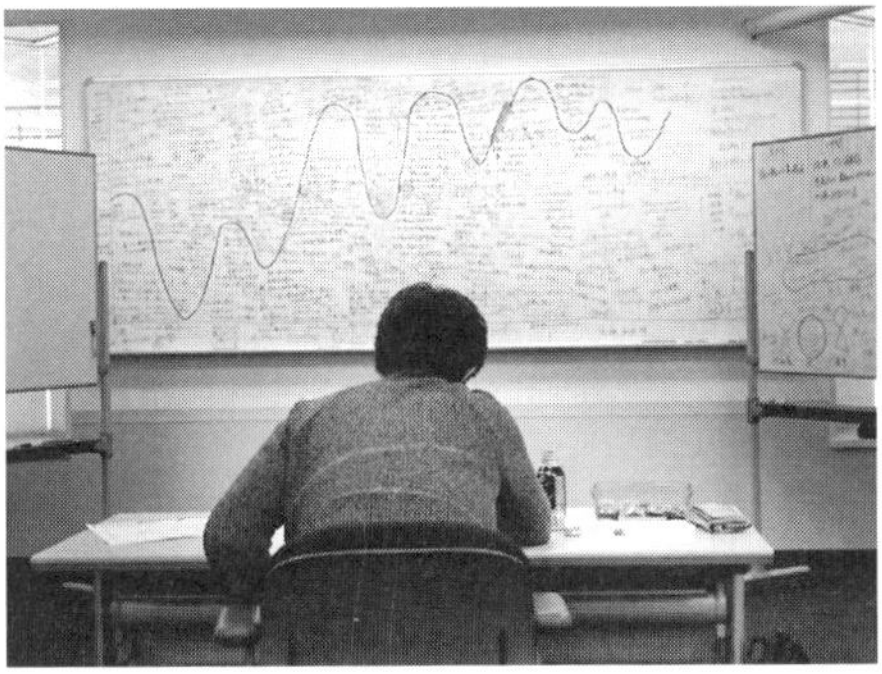

写真　理念構築合宿

社長が尊敬する人、人生においてキーマンになった人、ターニングポイントを与えてくれた人、憧れている人などが出てきます。

こうして人生を振り返ることで、社長自身が本当に大切にしてきたこと、大切にしていることをきちんとご自身で理解し、共感し、納得していただくことができます。一番は、思い出してもらうこと。経営者として、どこかでつまずいていたり、何か光を求めていたり、自分自身の経営者としての軸を忘れていたり、という方がお客様のほとんどなので、忘れていたことを思い出していただく。ちょっと埃がかかってしまった宝物に、磨きをかけていただくというのがポイントです。

人は誰しも、過去の選択によって今があります。過去に自分自身がよかったと感じたことを選択し続けて今がある。今の自分は過去の選択なので、過去にどんなことが起きてきたか、そこでどんな選択をしてきたかを見ていく必要があるのです。

そこをすべて振り返ったあと、「では、社長はどのようなことをこれからしていきたいのですか」と未来を見るわけです。過去を見て、未来を見るというのが、私たちのやり方です。過去を振り返らないまま未来ばかり見てしまうと、机上の空論になってしまいがちです。

「なぜがんばるのか」
「どうしてがんばりたいのか」
「これからどうしていきたいのか」

その原点はすべてその人の過去に眠っていると思うので、まずはそれを引き出し、確認していくことが重要になるのです。経営者であれば、誰もがその仕事に対する想いの原点を持っているはずです。その原点を忘れてしまうと、しんどい環境を余計にしんどく感じてしまうので、つねにそこを思い出せるようにしておくことが大事です。

それを言葉にしたのが会社の「理念」であり、会社として全社員に共通した「目的」です。そこに共感する仲間が集まることで、未来に向けて発展していく組織が生まれます。だからこそ、「理念」のもとになる部分を経営者に思い出してもらいたいというのが、私たちの一番の願いなのです。

●百戦錬磨の社長も逃げ出す「理念構築合宿」

ある社長の場合は、人生の振り返りを描いた後に「社長が影響を受けた人は誰ですか？」

と書き出してもらったら10人出てきて、なぜ影響を受けたのかをすべて掘り下げていったら、キーワードが出てきました。それは「人の温かさ」「自分の居場所」でした。その社長にとって幼少時代は寂しい人生で、ご両親が離婚され、妹の面倒をみなければと自分を犠牲にして、小さな頃から家族のために働いてきた。それと同時に、自分が安心していられる居場所をずっと求めていた。そこから「出会った人の中に、それらを求めていたんですよね」ということがわかりました。

その社長の人生を図示していくと「やりたい目標や理想像が見えると、そこに向かって突っ走って、でもある程度までくるとバーンアウトしてしまう。その繰り返しでしたね」ということも見えてきました。

人生の傾向でいうと、「目指すものがあるときは、とことん追い求めるけれど、それを得た瞬間に次の目標を決めて動き出していますよね」。これまでの行動パターンは、「安心できる居場所をつねに求め続けて、そこに向けて走り続けているのですよね」。

そのように社長の人生を深く見つめ直しながら、「では、社長は何を求め続けているのでしょうか」「どういうことを大切にお考えですか」という質問からキーワードを洗い出し、社長として掲げたい「理念」というものが、最終的に出来上がってくるのです。その形は、文章でも、単語でも、一文字でも、横文字でも、なんでもいいのです。ただ、これまで社長が歩んできた人生の中で、社長が生きるための指針にしているもの。ある意味、社長の魂が込められたものでなくてはなりません。

このときの社長は介護関連の会社を営まれていたので、「愛と笑顔」、さらには「人の希望をかなえ続ける」を会社の理念として定めました。

こうした過程で、「あの瞬間を思い出しただけで、ものすごくムカつく！」と感情的になる方もいらっしゃいます。その場合は、「でも社長、何でムカつくか、もう一度考えていきましょう」と問いかけを続けていきます。

「もういい。もう思い出せない」と投げ出してしまいそうになったときは、「社長、少し休憩しましょうか」とブレイクタイムを取り、気分を変えてから再度問いかけ始めます。

思わず涙を流される社長も、たくさんいらっしゃいます。その場合、私たちも感情移入してしまい、一緒に涙することが多いのです。

なぜ、ここまでするのか。魂がこもった理念をつくる前準備として、社長の感情をすべて出す必要があるからです。経営者という立場にいる方々は、それまで感情を抑えつけていたり、過去のつらい出来事を自分に都合のいい解釈にしていたり、感情を出さないとい

第５章

う選択をされている方がほとんどだからです。そのままの状態では、ありきたりの表面的な理念しか浮かんできません。だからこそ、「この場ですから、感情を出しましょう。喜怒哀楽はとことん出しましょう」と、寄り添いながら話を進めていきます。

ここで一番大事なのは、個人の過去をきちんと清算することです。本心から、「自分が歩んできた人生は、これでよかった。たくさんの人に支えられてきた。自分1人で社長になっているわけではないんだ」という想いになることを、私たちは「過去を清算する」と捉えています。私たちの役割は、それをサポートすること。そのために、徹底的に行うのです。

1日目の夜から2日目にかけては、社長の多くが嫌がる宿題を必ず出します。

たとえば二代目の後継経営者の場合、お父様との関係が悪く、なにかしら負の感情が残っていたら、「お父さんに対する手紙を書いてきてください」とお願いします。奥様との関係が悪ければ「奥様に対して、社長は今、ものすごく苦労させていますよね。それでも支えてくれている奥様に、素直に心から『ありがとう』という手紙を書きませんか」と促すこともあります。

本人が見て見ぬふりをしてきた過去を、このようにすべてクリアにしていくのです。

ここでは私たちも一切手加減しない、真剣勝負です。

本人が「もうこれでいいかな」と思っても、「社長はなぜそれがいいんですか？」と聞きます。早く終わらせたいからと適当に書いていたりすると、「それ、適当に書いていますよね。これまでの話とつながっていないですよね。なんでそのキーワードがいきなり出てきたんですか？」と突っ込みます。本人も辻褄が合わないので、「いや、ごめん」となる。

そういうことをとことんやっていきますので、「まいったな。本当に本音を出さないと逃がしてくれない」とよく言われます。と同時に、「こんな合宿、うちでは真似できない」とも言われます。百戦錬磨の経営者でも逃げ出したくなるような合宿ですが、本人の魂からの理念をつくるには、大きく貢献できているのではないかと自負しています。

理念をつくって終わりではありません。「社長が全部洗い出したものをもう一度、社員に全部伝えてください」とお伝えします。なぜかというと、理念の言葉だけを社員に伝えても、そこに込めた想いが伝わらないからです。

たとえば、理念が「輝く人」だとしたら、なぜ「輝く人」なのか。「輝く」というのはどういうことで、「人」というのは誰を指しているのか。社員の中での「輝く人」とはどういう人か、お客様における「輝く人」とはどういう人か、ということを社員に対して明らかにしていきます。

さらに、その人たちの「喜び」とは何か。お客様にとっての喜び、社員にとっての喜び、とはどういうことなのか。それぞれの言葉の背景まですべてを語り、伝えていく必要があるのです。

その理念の背景、「私がこう思うのは、自分がこういう経験をして、こういう想いをしてきたからなんだ！　だからこそ、社員にはこういう喜びを感じてほしいんだ！」という部分まで語れないと、社員たちの心には響きません。ここを疎かにすると、せっかく苦しんで生み出した、本人の魂の声ともいえる「理念」が、よくある額縁の中だけのものとなってしまうので、この部分のサポートも大切にしています。

●組織崩壊一歩手前!?　「理念浸透合宿」

「今日のこの場は幹部のみなさまで、本音の対話をする場です。殴り合いはやめましょう。ただ、言葉のケンカはＯＫです」

主に幹部社員を対象とした「理念浸透合宿」の最初に、私たちは宣言しています。「理

「念浸透合宿」は、経営者を対象とした「理念構築合宿」のあとに、主に幹部を対象として行います。

ここで私たちがまずやることは、幹部の方々への事前インタビューです。この合宿は、みなさんの性格や考え方を知り、社内の人間関係やその人の特徴を把握します。ほとんどの幹部の方々は、私たちといるときと、社員みんなでいるときとでは、見せる顔が違います。そのため、1対1で向き合って、まずはその人の本音を聞いておきたいのです。

合宿中、幹部のみなさんで議論する際は、とにかく本音で語っていただきます。本音を出していない方がいた場合には、私たちからそれを促すこともあります。本音を出し合って、お互いの腹の中をクリアにしてからでないと、社長が生み出した「理念」が幹部のみなさんの中に浸透していかないからです。また、議論の最中、一触即発の状況になることも往々にしてありますが、その分お互いの絆は深まっていきます。そのために、冒頭のような説明を最初にしているのです。

「理念浸透合宿」の流れは、幹部の方のフラストレーションが社長に向いている場合、「社長と幹部の和解の場」をつくることから始めます。ここで行うワークでは、幹部の方々に4つの質問をします。

1つ目が「社長に対して知っていることはなんですか?」――「社長の年齢は○歳」「子どもは○人」「○○に住んでいる」「お酒が好き」など、思いついたことはすべて書き込んでいきます。

2つ目は「知りたいことはなんですか?」――「社長について知りたいこと」。ここは「年収いくらですか?」などの本音です。

3つ目は「知ってほしいことはなんですか?」――「社長に知ってもらいたいこと」。これは「社長に○○について知っていてほしい」「社長はこんなふうになれるのではないですか?」など、社長に対するみんなからの訴えです。

4つ目は「貢献できることはなんですか?」――「貢献できること」では、自分が会社に対して貢献できることです。

幹部が4人いたら、各自ペンの色を変えて、ホワイトボードにそれぞれの質問に対する意見や考えを書き出していきます。

このワーク中、社長には別室で休憩していてもらい、幹部の方々だけで徹底的に書き出していきます。最初はお互いに反目し合ったり、けん制し合ったりしていることも多いです。そこで、私たちから幹部の方々に1つずつ「これはどういうことですか?」と聞いていきます。はじめのうちは本音が出ず、うわべだけの平静を装っている方が多いのですが、私たちから「でも、Aさんはこのように感じていると おっしゃっていましたよね」「Bさんは、このことについて反対ではなかったですか?」などと本音が出るように促します。

そのうちに「本当はこう思っていた」「あのとき、俺は我慢して受け入れた」などの本音がぽろぽろと出始めます。その結果、「じゃあ、なんで言わなかったんだ!」「我慢ではなく、逃げ出したのだろう!」など、場が白熱していくこともあります。それでも、さらにお互いの想いを整理したり、掘り下げたりしていくうちに、「そんなふうに思ってくれていたのか」「たしかにそうだよね」「俺もそう思っていた」などの会話が生まれ、自然とお互いの共通認識が出来上がってきます。

それぞれの内容を幹部同士が理解し合える状態になったら、幹部の方々には一度退出していただき、今度は社長1人にそれを見てもらいます。

そこで「Aさんがこういうことを言っていましたよ」などと話していくと、だんだん感情が出てきて、「なんなんだ、これ!」と、社長の中から怒りが湧いてきたりもします。

「知っていること」「知りたいこと」「知ってほしいこと」「貢献できること」を社長に1つずつ確認してもらうのですが、ここからが社長と幹部の真剣勝負です。

まず、幹部たちから出たすべての意見を「受け入れるか」「受け入れないか」。はじめは裏切られたような感じを受け、受け入れられない社長も多いのです。そこで、感情を出してもらいながら、「なぜその人はそう思ったのか」「なぜそう言っていたのか」。それぞれの幹部の想いを丁寧にお伝えしていきます。

すると、社長もだんだんと幹部からの意見を受け入れられるようになっていきます。そうなった段階で、幹部のみなさんを呼び入れ、社長の前に立って先ほどの質問に対する答えを1つずつもらいます。

基本的に、社長に対する「知っていること」「知りたいこと」「知ってほしいこと」は、単なる承認の問題であることが多いのです。それぞれの内容を見ていても、実は幹部たちで協力すれば、解決できることがほとんどなのです。

このように話していくうちに、幹部のみなさんは「社長に甘えていたな」ということに気づかれていきます。それと同時に、より良い組織を構築するには、自分たちが団結して社長を支えていかなければいけないということを理解していきます。

●社長の理念は幹部、社員を巻き込む〝台風の目〟

「社長と幹部の和解の場」をつくれたら、次は「幹部同士できちんと対話する場」をつくります。ワークの内容は幹部同士の関係の状態によって異なりますが、比較的多いのが「会社の今の問題や課題を全部洗い出してください。１人１００個出してください」というワークです。しかし、ほとんどの方が１００個も出せません。

「ということは、会社の状態がよいのか、それとも、幹部として問題を見つけられないのか、どちらでしょうか」とお聞きします。

幹部として自社をよくするための課題すら出てこないということは、「社長に甘えていた」のもありますし、幹部同士の間に「自分たちで協力してやらなくてはいけない」という意識が希薄だったということもあります。それをフィードバックし、「俺たちでがんばらなきゃいけないよな」という意識が高まってきたら、それぞれ60個、80個と出していたところを合わせて、「４人で１００個出してください」とお願いします。

すると、「どんなことを出したの？」「優先順位はこれが高いと思うよ」などの対話が生まれ、幹部全員でお互いの意識をすり合わせていくことができます。１００個出たら「今度は50個に絞りましょう」と、どんどん絞っていき、最終的には10個くらいにまとめるのですが、そこまでいけばみなさんの目線はもう合っています。

「この課題に対し、俺たちは何をしなくてはいけないのか」と、幹部同士の気持ちが1つになっています。

さらに、その課題をクリアするために、「誰が何をいつまでにしますか?」ということを考えます。でも、それをしていくには、みんなに共通の1つの軸が必要です。そこで「みなさんが課題をクリアして、会社をよくしていくために、その判断軸として、実は社長が会社の理念をつくりました」ということで、社長に理念を発表してもらうのです。

社長からの発表の場は、1泊2日の中で、2日目の昼頃に設けています。そこにいる社長は、1日目に幹部のみなさんをすべて受け入れてくれた存在です。今まで聞きたくても聞けなかったことに、社長は全部答えてくれた。さらに、この理念の発表の場で、自分の人生をすべて開示するわけです。

社長は丸裸になった状態で、「それでも私がやっていきたい組織はこうだ。みんなにはこう育ってほしい。会社としてはここを目指していきたい。そのために、君たちの力が必要なんだ！　だから、この問題や課題をみんなでクリアして、会社をよくしていきたい！」

ということを話されます。すると、幹部のみなさんのスイッチも、パチッ、パチッ、パチッと入っていくのです。

社長の「理念構築合宿」、幹部を交えた「理念浸透合宿」を行ったあとには、社員に「理念」を伝える「理念発表会」を設けます。

社員の中には、そもそも理念とは何かがわからないという方も多いので、発表会の前に40分程度お時間をいただき、みなさんの心のマインドセットを行います。そこで「輝く組織とはどういう組織なのか」「会社における理念とはどのような役割を持つのか」などについてお伝えし、「理念」に対するみなさんの心のコップを上向きにしていきます。

社員のみなさんが「理念というのは、そんなに大切なものなんだ」「うちの会社の理念って、なんだろう?」と考え始めるくらいまでウォーミングアップさせていただいたら、いよいよ社長からの発表です。

幹部の方々に伝えたときと同じように、今度は全社員に向けて社長には自己開示をしてもらいます。社長としても勇気が必要となる場ですが、これを行うことで、社員と社長の距離感が縮まったり、「社長も人間なんだな」という考えが社員の間に広がったりという効果が得られます。そのうえで、大切にしていきたい想いや考え方を「理念」として発表することによって、社員たちの心に社長の魂の声をしっかりと届けていくのです。

幹部社員たちは、すでにこの「理念」を自分たちの中に落とし込んでいますから、そうした社員たちの気持ちをまとめ、「理念」の実現に向けて、スムーズに動き出すことができます。

社長の心からの願いが込められた「理念」というのは、幹部、社員と段階を踏んで、繊細かつ丁寧に伝えていくことで、全社員を巻き込み、その会社ならではの発展を支える大きな礎となるのです。

●社員全員が「会社のミッション」を知っているか

「ミッション」は社員と顧客の間にあるもの。私たちが仕事をする上でお客様に対する約束事、もしくはお客様がその会社の商品やサービスから得られる成果というものを表しています。

特に最近、「ミッション」は顧客との約束として注目されています。たとえば、上場を果たしたメルカリさんですと、「新たな価値を生みだす世界的なマーケットプレイスを創る」です。

そのために何をなくしていくか。「捨てるというものをなくす」がその答えです。捨てようと思ったものでも、Ｗｅｂ上の市場に出していくと、必要としている人に出会える。それにより、ものを捨てるという行為がなくなっていく。リサイクルで社会貢献できたり、自分にとっていらないものがほかの人にとっては価値あるものになっていったりする。

そういう世の中をつくっていきたいというのが、メルカリさんの「ミッション」になります。

このように成長企業の多くが「ミッション」を掲げ、顧客に対して「自分たちがどういう価値を提供するか」を定義づけています。私たちはこれらを社内に浸透させ、社員、チーム、組織と、すべてが「信頼」に基づいた組織づくりを目指しています（図６）。

そのために必要な要素が３つあります。

「共通の目的」は、「理念・ミッション」です。

「コミュニケーション」は、「共通の目的」を明確にして、それに対して自分たちは何をすればいいのかという検討です。

第５章

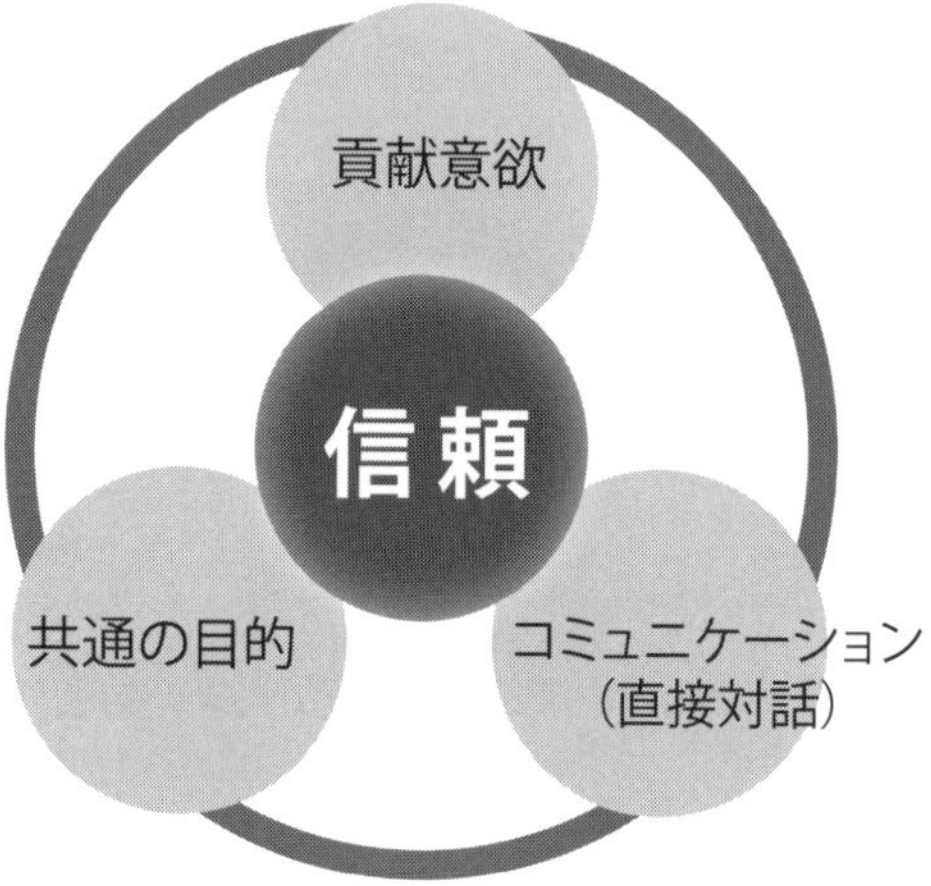

図6　組織の３要素

「貢献意欲」は、自分は何ができるのかを考えることです。

この3つがそろうことで、社員、チーム、組織としての信頼が生まれてきます。「共通の目的」に対して、「自分たちはこういうことを考えている」「自分はこのように理解した」「こういうことを自分たちはできるかもしれない」などとみんなで話し合うことで、価値観のすり合わせができるようになります。

こうした話し合いがなかったら、「うちの理念はすごいな」「共感しました」で終わってしまいますから、「共通の目的」である理念を定めたあとには、「コミュニケーション」を密にすることでお互いの気持ちを合わせ、自分たちにできることを考える「貢献意欲」を高めながら「信頼」を築いていきます。

●会社が1つにまとまる「自律型組織」とは？

社員自らが考え、行動する組織を私たちは「自律型組織」と呼んでいます。この「自律型組織」に移行するために、ダニエル・キム氏（マサチューセッツ工科大学教授）が提唱する「組織の成功循環モデル」にソリューション独自の定義づけをして、活用しています。

昔は私もそうだったのですが、「この本、いいぞ」「このDVDを観ろ」「このセミナーに一緒に行くぞ」など、自分の価値観を押しつけ、社員の思考を変えようとする経営者というのが、非常に多いのです。でも、そう簡単に人の思考は変わりません。

「この社長が言っている本だから、僕も読んでみようかな」「この人が言うなら間違いない」など、絶大な信頼や憧れがあってはじめて、人の思考は変わるからです。そのため、私たちはまず「関係の質」を変えることが、非常に重要であると考えています（図7）。

まずは「関係の質」において、「人と組織に対するあきらめの壁を取り払いましょう」「こ

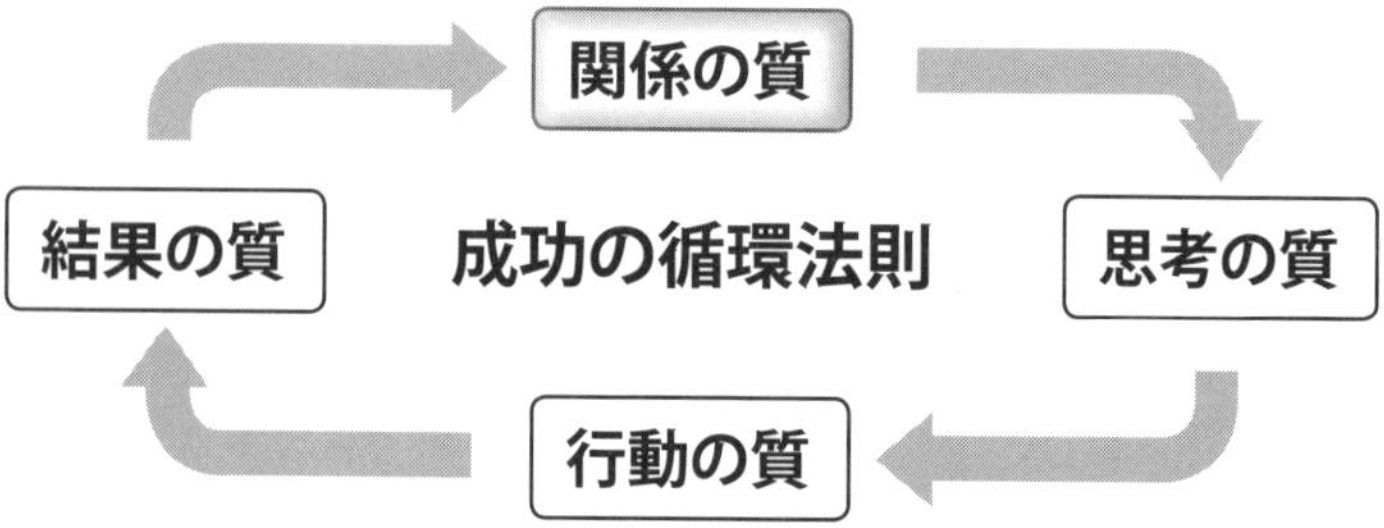

【グッドサイクル】
①関係の質：お互いに尊重し一緒に考える
②思考の質：気づきがある、面白い
③行動の質：自分で考え、自発的に行動する
④結果の質：成果が得られる
⑤関係の質：信頼性が深まる

【バッドサイクル】
①結果の質：成果が上がらない
②関係の質：対立、押しつけ、命令
③思考の質：面白くない、受け身
④行動の質：自発的、積極的に行動しない
⑤結果の質：さらに結果が出ない

「結果の質」を高めるには、まずは「関係の質」から

図7　結果を出すためのサイクル

れを実行することが、人間関係の質の向上につながります」と提案しています。

「この間、○○さんは失敗したからな。この仕事を頼んでもどうだろうな」と思いながら言うか、「○○さんなら絶対にできるはず！」と思って言うかによって、「がんばってくださいね」の言葉の重みは変わります。

言葉ではいいことを言っていても、表情や言葉尻であきらめているか、期待しているかは、一発で社員にはわかってしまいます。「経営者自らが社員に対し絶大なる信頼を持ちましょう」というのが、重要なポイントです。

この組織のため、このチームのために、「自分は何ができるだろう」と考えるからこそ、「思考の質」が変わります。

そのうえで「行動の質」は、失敗OKの組織（108ページ参照）によって培われていきます。「なんのためにそれをやっているのか」という目的意識をつねに持ち、失敗してもOKという環境の中でトライ&エラーを繰り返すことで判断基準が明確になり、失敗しても怒られないので、みんなが行動しやすくなります。

もちろん、目的意識を持たずに行動した結果、失敗したのであれば、しっかりと指導していただかないと成長しません。それによって、社員一人ひとりの実行力が上がるからこそ、「結果の質」も高まり、「自律型組織」に変わっていくというのが、私たちの提唱する「組織変革のステップ」です。

●「今月の売上目標」を確実に達成させる方法

クライアント企業の社員に「なんのために仕事をしているのですか」と聞くと、ほとんどの方が「売上100万円を達成するため」「ご契約を10件達成するため」などとおっしゃいます。多くの企業では、「目的＝なんのために仕事をしているのか」が、「目標」に変わってしまっているのです。しかし、そもそも仕事における「目的」とは、会社の「理念」にあたるものなのです。

「理念」とは、全社員に共通する目的です。「なんのためにこの会社があるのか」「お客様や世の中に対し、どのような世界観をつくっていきたいか」が共通の「目的」といわれる部分です。自分たちの商品を通じて、「お客様に満足していただく」「お客様の生活環境がよくなる」「お客様の業務を効率化し、プライベートな時間を充実させる」など、目的の内容は会社によってさまざまです。

そして、この「目的」を実現するために、自分たちの商品やサービスがある。それを提供してお客様に喜んでいただいた結果が「目標」となるのです。商品が20万円だとしたら、数字で表される100万円は、5人のお客様に買っていただく＝喜んでいただいたり、自分たちの商品・サービスの価値を感じていただいたりしたことで、20万円の商品が5つ売れて100万円になったということ。つまり、「目的」はお客様に喜んでいただく、「目標」は5人。その結果を数字として100万円と表しているだけなのです。

ここで大事なのは、まず共通の目的である「お客様に喜んでいただく」ということを、自分たちはどれだけしているかということになります。

そこをなおざりにしたまま、「とりあえず5人契約しろ！」「売上100万円あげろ！」とやっても、目標はなかなか達成できません。「自分たちの商品・サービスの価値」「お客様に選ばれている理由」などを理解しないまま、自分たちのエゴだけで仕事をしていても、絶対にその目標を達成することはできません。

とくに若い世代の社員たちは、数字を言われるとものすごくプレッシャーを感じてしまいます。でも「うちの商品・サービスを通じて5人のお客様に喜んでもらおう」「今月は5人のお客様に商品の価値を感じてもらおう」といえば、みんなイキイキと動けるのです。自分のアイデアも膨らんで「この人には会いに行こう」「この人にはメールを送ろう」という行動につながります。

ところが「今月5人と契約して売上100万円、絶対にやれ！」といわれたら、どうやってて100万円達成しよう……という感じで、みんなの思考が狭まり、その結果動けなくなってしまうのです。このやり方は、現場責任者が管理しやすいように、数字で発信しているにすぎません。本当に自分たちの商品・サービスを理解して、社員それぞれの強みを活かした商品・サービスの価値の提供という方法が、絶対にあるはずなのです。

第5章

本当に目標を達成したいのであれば、一人ひとりの社員にきちんと会社の「目的」を伝え、「自分たちがお客様に対して喜んでいただきたいものは何か」、そのために「自分は何をしたらいいのか」。まずはそれを伝えて、考えさせて、行動させていくことが必要です。その結果として、100万円、もっといえば5人に喜んでもらえたらいい。「そのための方法を考えてくれ」と言ったら、若い世代の社員たちからも、たくさんアイデアが出るはずです。それをきちんと受け入れられるか、認められるかは、経営者や幹部の器次第です。

繰り返しになりますが、目標を「売上100万円達成！」などと数値化するのは、管理する側が状況を把握しやすいからだけであって、社員たちに対しては発信方法を変えていかなければいけない時代になってきています。

今後も確実に目標を達成していきたいなら、まずは「目的」と「目標」をはっきり区別し、どのように発信すれば社員の視野を広げ、行動が自由になるかを考えた言葉がけをしていくことが必要です。これが目標達成への一番の近道となるからです。

さらに目標達成率の精度を上げるには、その「目標」を1カ月、3カ月、半年といったスパンで、管理者1人が決めるのではなく、社員みんなで決めることが重要になります。みんなと話し合う中で、さまざまな意見やアイデアが出てきたら、ほぼ目標は達成できるでしょう。なぜなら、人というのは、自分で言ったことに対しては「絶対に成功させる」という意思を持ち、そこに向かって自発的に行動し始めるからです。

そのような状態にまで社員のやる気を高めたら、あとは目的意識を大切に、失敗してもOKな環境をつくり、各自でP—D—C—Aをまわしながら、トライ&エラーを繰り返していく。この部分に注力してマネージメントしていけば、目標達成はそんなに難しいことではありません。

コラム⑤

優秀な経営者が陥る勘違い〈その2〉
家庭や体調が理由の退職は、仕方がない!?

退職希望者との面談は、経営者にとってつらい場面の1つです。引き止めようとする経営者も多いと思いますが、実際には退職理由を聞いて「仕方がない」とあきらめてしまう方がほとんどではないでしょうか。

退職理由に多いのが、

「家族の体調が悪いので、実家に帰らなくてはいけない」

「自分の体調が悪く、一度休養を取りたい」

「新しくやりたい道に進みたい」

などです。

しかし、これらのほとんどは、引き止められないよう、それ相応の理由をつくっているだけという場合が非常に多いのです。これは嫌いな異性からデートに誘われて断る場合と似ています。「最近、忙しくて」「ちょっと体調が悪くて」などを理由にすることが多く、間違っても「だって、あなたが嫌いだから！」とは言わないでしょう。

退職希望者との面談時、これと似たような感覚を覚えているとしたら、本当の退職理由は、社内の人間関係など、言いづらいことが原因となっている可能性が高いでしょう。まずは退職希望者にまつわる社内の人間関係を見ていくことで、本当の理由が明らかになる場合が多いのです。

第6章

社長の〝ヒマ時間〟が会社の未来をつくる

●入社3年目の私はとても嫌な営業マンだった

私自身、大学を卒業後、いち営業マンとして仕事をスタートし、現在は経営者という立場で自社を取りまとめています。その間さまざまな体験を経るうちに、経営者や社員の本来あるべき姿が見えてきました。それを追い求めながら、日々組織コンサルティングに携わっています。

ソリューションに入社する前は、リゾートホテルの会員権を販売していました。クライアントは経営者や先生と呼ばれるような富裕層の方々でしたが、当時の私は本当に嫌な営業マンだったと思います。

給与は歩合制でしたから、毎月額面15万円に歩合でどのくらい乗せていくかに必死でした。働く目的は「お金」で、金持ちになって周りの同世代たちよりもいい生活をするということをモチベーションに仕事をしていました。お客様に対しても、「この人が契約してくれたら自分にはいくら入ってくるか」しか考えない人間だったのです。

そのため、今と同じように経営者相手の仕事をしていましたが、「社長、仕事のことを少しでも忘れられる非日常空間でプライベートを充実させて、日々を楽しみましょう！」

という営業をずっとしていました。

当時の私の中での経営者像というのは、お金を持っていて、いい車に乗って、外にはたくさん彼女がいて、でも社員をこき使っていて……というようなイメージだったのです。ですから私の営業スタイルも、経営者のステータスをくすぐるようなものでした。「あの社長は持っているけれど、社長は持たないんですか?」「あの社長はこういう使い方をして社員に還元していますが、社長はそういうことはされないのですか?」と。

経営者の方々は、たしかに昔は苦労されたかもしれないけれど、最終的にその地位まで上りつめて偉くなり、自分の好きなようにお金を使って、ある程度自由がきく人たちなのだろうという感覚でした。そういう人のステータス感をくすぐって契約をいただき、自分自身がそれに見合うお給料をもらう。それが働く意義、目的、必要性だと感じていました。今振り返ると、本当にどうしようもない営業マンだったのですが……。

社内では、嘘のつき合いが日常茶飯事でした。隣の席の人はライバルですから、「あぁ、俺、今日は全然お客様とのアポがないや」と言いながら、内心では「今日は絶対契約できるお客様とのアポがあるんだ」と思っているのです。無事に契約をして翌日の朝礼で「おめでとう」と言われていると、隣の人は「こいつ、なんなんだ。昨日はダメだって言っていたよな」という視線を送ってくる。そんなことが日常茶飯でした。

自分の見込み客ノートは宝物で、うっかりそれを机の上に置いていたら、誰かにコピーされてしまいます。そして、別の人がお客様にアプローチして、そちらで契約が決まったら、向こうの数字になってしまう。机の上に置いていた人間が悪いということになるのです。

たくさん契約を決めている人のところに行って、「契約するためにはどんなことが必要なのですか？」などと聞いても、絶対に教えてくれませんでした。このように生き馬の目を抜く世界だったので、対お客様の勝負感しかなく、信じられるのは自分だけでした。もちろん、仕事を教えてくれた上司はいましたが、本当に心からお客様のことを思って提案していたというより、やはり自分自身の給料のためという部分が大きかったと思います。

つねにお客様が「¥マーク」に見えていて、「この人と契約したら、自分にはこれくらいお金が入るだろう」「あの様子ならこのタイミングでいけるな」という部分で、モチベーションを上げていたように思います。今思うと、そんな社員、会社としてもいらなかったと思います。当時はそんな残念な営業マンでした。

●営業マン時代に体験した「どん底」から見えてきたこと

ちょうど4年目になるとき、自分の営業成績がこれまでにないほど低迷しました。そのときの組織では、1カ月仕事をして契約でゼロを出してしまうと、ものすごくバッシングされるのです。2カ月連続ゼロを打つと人間扱いしてもらえません。3カ月それが続くと、無視でした。1カ月目は「ちゃんとやれ！」と猛烈に発破をかけられるわけです。それにグッと耐えながら、「やばい」と思いつつ2カ月目に入ると、「あれ、いたんだ、ここに？」というような具合で、ほぼ人間扱いされません。そして、3カ月目になると、誰からも声をかけられなくなります。

そういう中で、私は6カ月間ゼロを打ち続けてしまいました。4カ月、5カ月とゼロを打った者もいましたが、そうなるとたいていみんな辞めていきました。もう自分自身の居場所がないですし、存在意義も感じられないので、そこから消えていくしかなかったのです。

もちろん、私は辞表を書いたのですが、同期や上司が止めてくれて踏みとどまったところがありました。課長には「逃げるな」と言われ、部長には無視されながらも、ずっとア

第6章

ポ取りの電話をしていると、1時間おきに呼ばれるわけです。

「はい、長友、集合。できた？」

「できていません」

「なんでできないんだ？」

と、10分責められて、それからまた1時間電話していると、また呼ばれる。そんな環境だったので、その場にいたくなくて、結局みんな辞めていったのです。

当時の私は、無の状態になって日々をやり過ごしていました。ようやく電話でアポイントをいただけても、そのときの通話の内容は部長にすべて筒抜け。その場から逃げ出したい。外に出たい一心で、「とりあえず、行きます！」というアポ取りをすると、「もう一回電話しろ」。つまり、内容をもっと詰めろというのです。でも、売れていない営業マンなので、詰められるわけがありません。

そういうことが6カ月続き、7カ月目でようやくお客様にご契約いただけました。ご契約いただいたとき、私はその方の前で泣きました。今でも覚えているのですが、そのお客様は経営者でしたが法人ではなく、個人でご契約くださったのです。一番小さい部屋でしたが、「この部屋は、プライベートで妻と自分で楽しみたい。息子もゴルフを始めたので、ちょうどいい」ということで、ゴルフの会員権とセットで買っていただきました。ご自身のセカンドキャリアを考えたとき、こうしたプライベート空間を充実させ、自分が妻と2人で過ごす時間、子どもと過ごすための時間を持つために「これがほしいんだ」と聞いたとき、嬉しさと同時に、これこそがお客様が私たちのホテルを求めてくださる本質であると気づかされました。

そこから営業スタイルは大きく変わりました。それまでは自分、自分でしたが、お客様にとって何が必要かを考えたり、お客様の立場に立って話を進めたりし始めたら、「経営者というのは、人に対して悩まれている方が多いのだな」ということがわかってきました。同時に、ホテルという非日常的空間は単なる見せかけであって、本質は「組織を変え、人に対する問題を変えないと、経営者の本当の喜びには到達しない」ということを感じるようになっていきました。

お陰様で、その後は結果も出るようになりました。そんな中、ちょうど社会人として6年目、28歳のときに「ソリューションという会社を一緒につくらないか？」という誘いを受けました。そこではプライベートライフではなくソーシャルライフをつくりあげていく、経営者の本当の悩みである「人と組織」の問題を改善していく。それにより、中小企業を

第6章

元気にして、日本中の企業を元気にしていく。「そういう会社を一緒に立ち上げよう」と声をかけてくれたのが、当社の創業者であり、現在は株式会社CONY JAPANの代表取締役社長を務める小西正行だったのです。

小西は1年目に、リゾート会員権を買ってくれたお客様でした。今では約250名の社員を抱え、年商56億円という会社をまとめていますが、出会ったときは私が23歳、小西は28歳でした。商いも年商6億～7億円で、社員数30名の町のリフォーム屋さんだったのです。当時の小西は、大阪でも下町のエリアにある倉庫に事務所を構えていました。

その頃の上司からは「28歳の経営者で、そんな辺鄙《へんぴ》なところで倉庫に事務所を構えている社長なんて、買うわけないだろ」と言われたのですが、こっちは見込み客もないので必死なわけです。「とにかく出会ったお客様には契約してもらわないと！」という感じで営業していたら、買ってくれたのです。そこから、お客様と営業マンという関係が6年続きました。たまに遊びに行っては、「長友、今こんなことしてるんだ」「今度こんなことやるんだ」という話を聞かせてもらい、「なんだかすごい。面白い社長だな」と思っていたのです。

小西は当時から大ぼら吹きだったので、いろいろなことを吹いていたのですが、それを次々と実現させていった。そんな有言実行という姿にも、強く惹かれていたのだと思います。

●主軸を「新卒採用」から「組織変革」へ

そこから、ソリューションという会社の立ち上げに参加させてもらいました。とはいえ、当初は理念など、自分もまったくわからない人間でした。生き馬の目を抜く業界で営業をしていましたから、とにかくご契約いただけば給料は上がるということで、数字ばかりを追っていました。

そんな人間に急に「理念経営」といわれても、理念で飯が食えるか！　と思っていました。きれいごとだよな、と。そんな葛藤があり、理念の本質的な大切さに気づくまで、少し時間がかかりました。表面的には「理念が大切だ」と言っていましたが、本当に必要だと思い始めたのは、1年半ほど過ぎてからでした。

当初、私たちは「新卒採用の支援」というところから始めました。その背景には、小西が別に経営していた株式会社スペースアップ（CONY JAPANの前身）が、全国のリフォーム会社で初の新卒採用に踏み切ったということがありました。大手の建築関連企業ならいざ知らず、中小企業のリフォーム会社が新卒採用なんて、人材を採れもしないし、建築の右も左もわからない人がきても無理。そんなレッテルを貼られている業界の中で、初の新卒採用を実現させたのです。

その後、２００５年11月に姉歯建築設計事務所の構造計算書偽造事件が起き、ことごとく工務店が大打撃を受ける中、小西のスペースアップだけは急成長を遂げました。その裏には、新卒の若い社員たちがお客様のところへ一生懸命に足を運び、提案する姿に、お客様が心を奪われたということがあったのです。薄汚れた作業着を着た、怪しい中年男性がきたら「この人、怪しいな」で終わってしまうところ、若い社員たちが一生懸命に理念を語り、「僕たちの会社はこういうことをやっています！」とがんばる姿にお客様が共感してくださり、売上が伸びたのです。

そのモデルを私たちが形にし、株式会社ソリューションを立ち上げました。この新卒採用モデルを用いた支援ビジネスに3年間取り組みましたが、２００８年のリーマンショック以降は、「組織変革」の支援をメインに行う会社へと変わっていきました。

その理由は2つありました。

1つは採用だけの事業に、限界を感じたからです。時間とお金をかけて採用した新卒の社員たちでも、企業側の組織に受け入れ態勢がなければ、みんな辞めてしまうのです。私たちは一生懸命、その企業の未来を語り、学生を口説き、新卒社員として入社してもらっても、その先で一緒に働く人たちが何もしてくれなかったり、言っていたことと現状があまりにも違い過ぎたり、ということで辞めてしまっては、意味がないと感じたのです。受け入れ側を整えたうえで入れないと、新卒社員も企業側も、お互い不幸になるだけの事業になってしまうことに気づいたのです。

もう1つは、リーマンショックにより、新卒採用業界は２００９年に大打撃を受けました。そんな状況では、どの企業でも新卒など採る余裕がなくなり、契約していた新卒採用支援案件のキャンセルが相次いだのです。

当時、組織コンサルティングも少しはやっていたのですが、メインは新卒の採用支援でした。そんな中、43名いた社員は1年半で13名まで減りました。こうなったら私たちの組織も原点を求め、まずは自社内で「自律型組織」をつくっていこう、社員主体の会社になるよう整えながら、お客様にも新卒の受け入れ態勢を整えていただこう。もっといえば、リーマンショックでガタガタになった企業が多かったので、私自身、改めて「大切な理念とは何か」「自分はどういう組織をつくっていきたいのか」を考え直しました。

そして、「どんな逆境があったとしても、ゆるぎない信念を持ち続けている企業は絶対に伸びる」ということを信じてやっていこうと決意し、「組織変革」の支援へとシフトチェンジしたのです。

このときの決断、定めた方向性は正しかったと思っています。自社内で試行錯誤しながら検証を重ねているので、私たちは「組織変革」について、自信を持ってお客様にご提案させていただくことができるようになったからです。

●経営の4つの目「今と先」「内と外」

企業の中で会社の未来をつくれるのは社長しかいません。ですから私たちは社長に「経営に必要な4つの目をつねに確認してください」とお願いしています。

4つの目というのは、

先（未来）にむけた社内外の仕事である「先×外」「先×内」

現在の社内外に対する仕事である「今×外」「今×内」の4つの視点です。

たとえば、「先×内」は、「働き方改革をするには、こういう取り組みをしていかなければいけない」など、未来に向けた会社内の仕事を指します。また、「先×外」は、「もっと外部の交流会に参加してほかの企業がどういう取り組みをしているのかを学ぼう」というように、外に出て、最先端の情報をキャッチしたりすることにあたります。

一方、「今×内」は社内で起きている問題を落ち着かせることに追われている状態を指します。「今×外」は売上目標を達成するために、社長自ら営業に出てしまうなどがこれにあたります（図8）。

理想をいえば、経営者は「先（未来）8：今2」、幹部が「先（未来）5：今5」、社員が「先（未来）2：今8」という視点を持っていたいところです。ただ、これはあくまでも理想論であって、それを実現している経営者というのは、ほとんどいらっしゃらないと思います。

大切なのは、社長自身がこの1カ月間、「自分自身の業務は何が一番多かったか」「どこを見ていることが多かったか」を意識することです。それをこの4つの目で確認し、つね

第6章

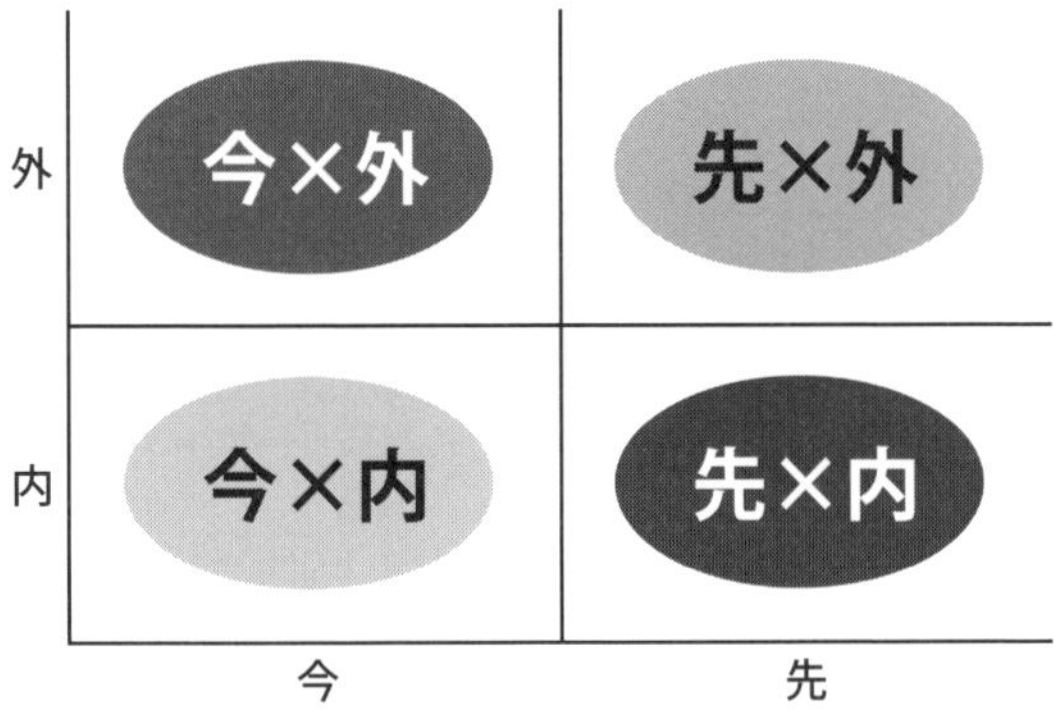

図8　経営の４つの目

に自分の立ち位置を把握しておいてもらいたいと考えています。

月末に「今月の自分はどうだったか」と振り返り、社長自身が「今月の仕事は『今×内』の仕事が多かったな」「『今×外』が多かったな」「今月は『今×内』と『先×内』と五分五分だったな」など、ご自身の立ち位置を毎月確認していくことが重要です。

そうすることで、来月の予定を考える際、「今月は先を見る仕事が少なかったから、来月は会社の未来に関する仕事をなるべく入れていこう」などと予定を組めるようになり、少しずつ「先」を見据えた仕事ができるようになります。

もちろん、ときには急きょ「今」を見た仕事をしなくてはいけない場合もあるでしょう。「先」

だけ、「未来」だけというよりも、双方のバランスを取ることが非常に大事になるのです。

「私は未来の仕事を見るんだ！」といって、社長が完全に現場を放置し、先を見た仕事ばかりをやっていては、社内がガタついてしまいます。大切なのは、つねに自分の立ち位置を把握し、毎月、「4つの目のうち、どこに一番重きを置いた月だったのか」「来月はどこに重きを置いてひと月を過ごすのか」を考えていくことです。

こうした「振り返り」をしないまま、とりあえず目先のこと、未来のことをやる、とりあえず最近セミナーに行っていないから行ってみようなど、思いつきの行動は控えるほうが賢明です。それよりも、きちんと計画を練って、自分の立ち位置は今どこにあり、どこに集中するべきかを考えながら計画的に毎日をすごしていただきたいと思っています。

●「北風社長」と「太陽社長」どちらが会社を伸ばすか？

イソップ寓話の1つに「北風と太陽」という話があります。会社の中での社長は、「北風」と「太陽」のどちらの存在でいるべきでしょうか。

「北風社長」というのは、目的を達成するために自分の力を思いきり伝えまくって、力ずくで相手を納得させようとしています。つまり、社長がトップダウンであったり、自分の考えや先入観、固定観念を押しつけたり、相手の主体性を失わせたりする経営者がこれにあたります。

一方の「太陽社長」は、自分たちが目指すべきもの、自分たちが実現したいこと、いわゆる「理念」であり、「ミッション」であり「ビジョン」というものを明確にして、それを伝え続けている人ということになります。その上で、方向性を示してあげるということが重要なのです。

「自分たちはここを目指すんだよ」「こういうことをやっていくんだよ」「ここをやっていくよ」「みんな、大丈夫か」などと、つねに声をかけ、「そのために、君たちには何が必要か」「私はどんなことで協力できるだろう」「今、足りないことを言ってくれ」と、進むべき方向を照らし続けてくれる。そして、社員のみんなも、自然にそこを目指している。

社員目線で考えたとき、どちらの社長のもとにいる方が、イキイキと主体性を持って働けて、成果が出るか。あなたは「北風社長」と「太陽社長」、どちらだと思いますか？

面白いＹｏｕＴｕｂｅの動画があます。当社の新入社員たちには「この動画をお客様と観ながら、ディスカッションしてはどうか」と勧めています。ある県の高校ラグビーの話なのですが、自主性を重んじる高校とスパルタ式の高校、正反対の指導を行う2校のうち、どちらが勝って高校ラグビーの甲子園といわれる花園へのチケットをつかむのか――結果、2018年の大会では自主性を重んじる高校が勝ちました。

社員が主体性を出し、アイデアや発想を自ら打ち出せるようにしたい場合、やはり自主性を重んじる「太陽」に軍配があがるでしょう。逆に、「北風」のやり方は、完全なるスパルタ式で、絶対服従。社員たちは言われたことはやるのですが、ミスしたら怒られるので、どうしても萎縮しがちです。スパルタと自主性であれば、後者の方が絶対に社員は伸びていきます。完全にやりがいを持って働ける場所は、「北風」の社長には与えられないでしょう。

社長は会社の「太陽」であると同時に、会社を1本の木だとしたら、その根を地中にしっかりと張る役目も持っていると考えています。

たとえば、中期経営3カ年計画においては、社長が「理念」や「ビジョン」など、方向性を決めていきます。会社の中心となる絶対的に大切な部分は、ゆるぎなくブレずに社長がつくる。木でいえば、ここが根の部分にあたります。ただ、そこから幹を太くしたり、枝葉をつけたりという部分は、幹部や社員たちの仕事になります。

私たちはさまざまなメッセージをお客様にお伝えしていますが、一番響くメッセージは「会社を潰すのは経営者、会社を伸ばすのは幹部」だとよくいわれます。会社を潰すのは、結局は社長がトップダウンのままだったり、現場にいつまでも下りてきて混乱させたりするからなのです。

一方、会社を伸ばすのは、社長ではなく幹部や社員です。企業文化として大切なものを守り続けながら、自分たちの可能性を引き出したり、世の中に必要なものをキャッチしたりしているのは現場の社員たちです。その現場を形にし、社長の目が届かないところを見ながら、お客様に対して必要なものを形づくっていく。それを幹部や社員たちが自分で責任を持ってやるからこそ、新たな事業が生まれ、新たな部署が生まれ、人が増えていくのです。

社長が木の根の部分をしっかり根づかせていけば、そこから先は幹部や社員に任せることで、自然と動いていきます。あとは社長がしっかりと未来を見ながら、大切なことを社員たちに伝え続けていき、幹部とのコミュニケーションを円滑にして情報をしっかりと吸い上げていく。それが経営者としての理想の姿です。

いつも「太陽」のように社員たちを照らし続け、みんなに栄養を与えてあげてください。みんなが「太陽」を見ながら元気づけられたり、「今はこっちだ」と太陽が示す方向に向かったりすることで、迷わずに進むことができます。ひまわりのような社員たちが、「太陽」の動きに合わせて美しく花開いていく。そのようなイメージの在り方で、経営者にはご自身の会社を照らし続けていただきたいと願っています。

●会社は社長のものではなく社員のもの

「太陽社長」のもとで、社員たちが自主的にのびのびと力を発揮して働ける会社になれば、そこはもう「社員のもの」ということになります。

会社の資金や資本などは社長のものかもしれませんが、社長1人では何もできません。会社を「社長のもの」と言っている段階では、その企業はまだまだ家業です。社長の鶴のひと声で大きく変わったり、社長自身が現場に下りてきてずっとトップダウンでやっていたり。でもそれが「社員のもの」になった瞬間、家業から企業に変わっていきます。株式上場もこれと一緒です。上場すると、株主が存在することで、会社は世の中のものになり

第6章

ますから。

組織ができ、人が育っていくと、主体的に動いていくのは社員であって、社員の不正が1つでもあった瞬間に会社は潰れます。社員自身が責任を持ち、自分たちの会社に対する誇りを感じながら仕事をしない限り、いつまでたってもその会社は「社長のもの」＝家業になってしまいます。

社長が「会社の規模を大きくするのは不安で心配」というのであれば、家業という規模のまま会社を運営されてもよいと思います。ただ、自分自身、そして社員の成長のためにも、家業から企業へ移行していきたいという方にはぜひ、良好な組織をつくってもらいたいと思っています。組織をつくるということは、雇用を生み、世の中に対する影響力をもち、自分たちの商品・サービスが世の中に認められ続けていくベースを築くということ。その結果、組織は大きく発展していくのです。

そこを目指していくなら、自分の考えに共感してくれた社員に、自分の想いをきちんと伝え、社員が会社の代弁者となり、商品・サービスの価値を提供していく。そのようにして、自社の価値が社会に広がっていくことから大きな喜びややりがいを得る。これは社長にしかできない役割、仕事だと思っています。そこを目指し、ぜひ「社員のもの」である会社を築いてもらいたいと思っています。

●喜びも悲しみも給料も社員と分かち合えているか

会社で、社員たちと喜怒哀楽を分かち合えていますか？　これができないというのは、社員たちがまだ本当の仲間になっていないということかもしれません。たとえば家族や親友というのは、喜びも悲しみも悔しさも、みんな分かち合えているからこそ、お互いに本音が言えたり、話している空間に安心を感じたりするのだと思います。

その一方で、本当に頭にきたときはそれを相手に伝えますし、もし悪い道に行こうとしていたら「本当にこれ、やめたほうがいいぞ」と、真剣に止めるでしょう。社内の人間に対しても、それと同じことができるかどうか、できているかどうか。

究極のたとえ話を1つしましょう。

社長が「ごめん。今月、会社が本当にしんどいから、給料の支払いを半月遅らせてもいいかな」と言ったときに、みんなが「もちろんですよ。そこはみんなで挽回していきましょう」という組織なのか、「なんでですか？　こっちの支払いも止まるじゃないですか！」

となってしまう組織なのか。絶対に前者の方が、本当の喜びを分かち合えている組織です。社長だけが苦しむ、社員だけが苦しむのではなく、嬉しいときはみんなで喜び、苦しいときはみんなで苦しみ、我慢するときはみんなで我慢するからこそ、本当の組織、仲間というものが生まれてくるのだと思います。だからこそ、この会社のために今の状況をどうにかしたいという想いから、「自分には何ができるのか」を考えていけるようになるのです。

もし、当社でそのようなことがあったら……責任者のポジションにいる人間たちであれば、待ってくれると思っています。「長友さん、本当ですか。しょうがないですね」と言われながら。それでも、笑って「わかりました、いいですよ」と言ってくれると思います。ピンチのときでも、そのように言ってくれる仲間がいるのといないのとでは、やはり大きな違いがあります。

これと同じ場面に遭遇したとき、社員は「わかりました」と言ってくれるでしょうか？心から「こいつらやったら絶対に苦境も一緒に乗り越えてくれる」と言えるでしょうか？

●10年先の会社のビジョンを社員に語れるか

10年先のビジョンを語るという場合、細かいことはあまり必要ありません。「自分たちはここを目指していくんだ」「こういう社会をつくっていくんだ」ということでもよいですし、「こういう会社になって、こういう社員が働いていて、こういうふうに世の中から認められている」ということでもよいのです。

大切なのは、「会社はこうなっている」「みんなはこう育っている」「社会からはこう見られている」「自分たちはこういう世界観をつくっていきたい」「こういう人たちに貢献していきたい」など、社長自身の考え方やスタンスをきちんと社員たちに伝えていくことです。

伝え続けていくことで、最初は「社長、わけのわからないことを言ってるな」と思われても、何度もそれを伝えることによって「社長、本気だな」と思ってもらえます。もしくは「社長がそこまでいうなら、やってみようかな」というような気持ちになってもらえる。

そのためには、「1～2回言っておしまい」ではダメなのです。会うたびに、それを何回も何回も伝えていく。これも社長の大事な仕事です。

そういう部分をきちんと伝えず、「売上は5年後に10億円！」などと数値だけを言っても、社員たちは今ひとつ腑に落ちないでしょう。私は日頃から社員には「数値目標は後づけでいい」と伝えています。それよりも「私たちの状態やビジョン、在り方、自分たちの存在意義をお客様に伝えてほしい」と言っているのです。それが実現すれば「売上としては10億円くらいはいっているかな」という形で、最後に数字に落とせばいいのです。

「5年後には売上1000億円！」「社長、なぜ1000億円の売上なんですか？」「俺のロマンだからだ！」なんていっても、社員は誰もついてきません。それよりも、「世の中に対してこういう街づくりをして、家から店からすべて自分たちで築けるような街にしていきたい。その中に幼稚園もつくりたい。そうした街の中でだけ使えるポイントカードを導入したら面白いと思わないか？」などと言われたらどうでしょうか。

「そういう小さな街から始めて、自分たちで電力なども含め、生活に必要なものをまかなえるような街にしていきたい。インフラなども自分たちで整える街づくりって、今の日本にはないから、そういうものを手がけていきたいんだ」などと、住宅関係の社長が言っていたら、社員たちはハッとして、「自分たちは家づくりだけではない。街づくりもできるんだ！」と、また1つ視野が開けていくでしょう。

こうした想いを語る際にも、そのベースに「理念」が必要です。理念からスタートして、どんどん未来に夢を広げていってほしいと思います。理念というのは、現実的なものだけではなく「自分たちが追い求めるもの」「自分たちがなりたいと思っている理想の姿」でもあるからです。

コラム⑥

優秀な経営者が陥る勘違い＜その3＞ 評価制度を導入すれば、社員の意欲は向上する!?

経営者が幹部から提案される案件としてよくあるのが、「評価制度」の導入についてです。とくに離職者が多い会社の場合、その主な理由として「適切に評価されている気がしない」という意見が上がります。

そうした声を何度も聞くうちに、経営者は早急に評価制度を導入したほうがよいのではないかと考えてしまいがちです。

ただし、会社の状況が悪い時期に評価制度を導入すると、社員の不満をさらに増幅させてしまう恐れがあるのです。社内の状況の悪化は、社員同士の関係性の悪さに起因していることがほとんどだからです。社内のコミュニケーションがうまく図れていないのに、評価制度を採用したら、どうなると思いますか?

上司が部下を何点と評価する際、部下からは「あんな上司に評価されたくない!」という意見が上がってきます。同期と比べて「自分のほうががんばっているのに!」という感情を生み出すきっかけになる場合もあります。

評価制度を導入する前に、まずは社内の人間関係を良好にすることが必要なのです。

あとがきにかえて

「社長は人間ドックを受けていらっしゃいますか?」

経営者の方と組織についてお話しする際、このように聞くことがあります。

「受けているよ」

「なんのために、人間ドックを受けられるのですか?」

「健康かどうか、チェックするためだよ。悪いところがなければ、安心するだろう」

「なるほど。社長、次からは、不安を解消して安心するためではなく、未来を創造する原動力としての安心を得るための人間ドックにしませんか?」

このように提案するのは、「病気がなくてよかった……」という安心感よりも、「あれもやりたい、これもやりたい。今年も健康だったし、これで思いきり仕事ができる!」という安心感のほうが、未来に向けての大きな原動力となるからです。

後者のような心持ちで人間ドックを受ければ、その先で創造する未来も、社長自身が思い描くものになっていくはずです。

会社の組織もこれと同じで、組織の状態をつねに社長自身が俯瞰して確認し、「こんなふうに事業を展開したい」「こんな形で社員たちをサポートしていきたい」という想いがすぐに伝わるような組織を維持し続けていく必要があります。そのためには、社内のコミュニケーション経路を整備し、会社としての方向性を全社員で共有し、信頼に基づいた関係性を築いていかなくてはなりません。

本書では、そのために必要なノウハウをさまざまな形でご紹介しました。社長が社員を信頼できずに不安を抱えたままだと、いずれ組織は衰退していきます。そのような状況を乗り越えるには、社長自らが会社の未来をしっかりと思い描き、それを社員と共有しながら、社員が自ら考え、行動できる環境をつくっていくことが重要になります。

「社員たちに任せられるかどうか不安だ」という状態から、「会社の未来は社員たちとつくる。彼らに任せれば大丈夫だ」という安心感のある状態へと組織を変えていく。日本の中小企業を元気にしていく一歩は、ここから始まると思っています。本書がそのための一助となりましたら、こんなに嬉しいことはありません。

2019年3月

株式会社ソリューション　代表取締役　長友威一郎

著者プロフィール

長友威一郎（ながとも　いいちろう）

株式会社ソリューション 代表取締役
大学卒業後、富裕層マーケティング会社最大手・リゾートトラスト株式会社に入社。6年間の営業活動を通じて多くの経営者と出会う。

2006年、顧客の1人であった現株式会社 CONY JAPAN 代表取締役の小西正行氏から新会社立ち上げの参画要請を受け、経営者の経営サポートを本業にすべく、株式会社ソリューションに入社。

採用コンサルティング、経営コンサルティングを通じて、採用と育成の両輪を回して組織を強くすることにより、多くの企業の発展に貢献している。特に、初期教育を強めることで、新卒社員や第二新卒社員をリーダーへと変えるマネジメント力には定評がある。

人生のミッションは、「生活のための仕事ではなく、人生を輝かせるための仕事として、若手社員に夢と希望を持って働ける環境を提供すること」。

出版プロデュース　株式会社天才工場　吉田 浩
編 集 協 力　福元 美月
執 筆 協 力　「cosmic flow」 岡田 光津子
組　　　版　高橋 文也
装　　　幀　華本 達哉（aozora.tv）

"がんばる経営者"が会社をつぶす
～最強の組織をつくる経営術

2019年4月20日　第1刷発行

著　者　長友 威一郎
発行者　山中 洋二
発　行　合同フォレスト株式会社
郵便番号 101-0051
東京都千代田区神田神保町 1-44
電話 03（3291）5200　FAX 03（3294）3509
振替 00170-4-324578
ホームページ http://www.godo-shuppan.co.jp/forest
発　売　合同出版株式会社
郵便番号 101-0051
東京都千代田区神田神保町 1-44
電話 03（3294）3506　FAX 03（3294）3509
印刷・製本　株式会社シナノ

■落丁・乱丁の際はお取り換えいたします。

ISBN 978-4-7726-6134-8　NDC336　188 × 130